영화 '서울의 봄'에서 못 다한 뒷이야기

# 아! 서울의 봄

# 아! 서울의 봄

초판 1쇄 인쇄 | 2023년 12월 15일
초판 1쇄 발행 | 2023년 12월 20일

지은이 | 홍 인 호
발행인 | 김 동 환

펴낸곳 | 여산서숙
출판등록 | 1999. 12. 17
신고번호 | 제300-1999-192
주 소 | 서울시 종로구 지봉로28, 승인빌딩 401호
전 화 | 02)928-2393, 928-8122
팩 스 | 02)928-2391, 928-8123

값 16,000원
ISBN 978-89-93513-52-3 03810

격동의 현대정치사를 정밀 추적한 시리즈 제1탄

12·12 당시 육본 장군인사장교 홍인호 중령의 고백 (극비문건 전격 공개)

영화 '서울의 봄'에서 못 다한 뒷이야기

# 아! 서울의 봄

홍 인 호 지음

如山書塾
易術書籍 專門出版

## 지은이의 말

나는 1977. 5. 23일부로 육군본부 인사참모부에 전입, 장군인사실 장군인사장교로 보직받은지 2년 5개월만인 1979년에 '10 · 26' 비운의 날을 맞았다.

숨막히게 돌아가는 상황 속에 김재규를 체포한 현장 육본B-2벙커에서 최규하 국무총리가 주재한 비상각의에서 비상계엄령이 의결, 선포되고… 그 선포 상황을 내가 전군에 전파하는 역사적인 역할과 함께 그 현장에서 계엄사령관과 각 계엄사무소장 등 계엄사요원을 임명하는 작업을 하고 역시 전군에 장군인사명령으로 하달했다.

그 후 1개월 16일 만에 들이닥친 12 · 12사태를 맞으면서 등장한 신 군부에 걸림돌인 기존세력의 군부 숙청 등 신 군부의 대부격인 김홍한 장군과 함께 나는 5공 정권의 기틀을 잡은 인사실세로 5 · 18 광주민주항쟁에 이르기까지 숨가쁘게 전개되는 역사의 현장에서 숱한 철야작업을 통해 수많은 인사작업을 모두 진행했다.

최근 들어 과거사 문제가 이슈로 떠오르면서 10 · 26과 12 · 12 그리고 5 · 18 광주민주항쟁 등으로 이어지는 5공화국 탄생과정이 새해 들어 또다시 주목받고 있다.

광주 5 · 18재단에서는 일부 공개된 이들 사건 검찰수사 기록에 대해 검증작업중에 있고, MBC에서는 드라마 〈제5공화국〉으로 역사의 이면을 일부나마 재조명하고 지나갔다.

그런 가운데 나의 증언이 격동기의 역사적 진실에 접근하는 단초가 되기를 바란다. 당시 육군본부 장군인사장교로서 10 · 26, 12 · 12, 5 · 18로 이어지는 현대사의 역사적 변혁기의 한복판에서 직접 다루었던 80년을 전후한 격동기의 역사적 사건들을 군더더기 없이 사실적으로 현장감 있게 4반세기만에 최초로 토해내는 생생한 증언들!

그때 그 시절의 소용돌이치던 역사의 현장과 박정희 전 대통령과 관련된 비화, 그리고 김재규에 대한 군사재판관 임명관련 비화 등 12 · 12와 때를 같이 한 신 군부에 얽힌 '별들의 이야기'들을 소개한다.

이에 더하여 군문에 들어선 이후의 군 생활에 얽힌 재미나는 '희로애락'과 월남전투 경험담의 일부를 소개하고 「아내의 건강을 챙긴 이야기」 등을 공개함으로써 전국의 주부와 남편들에게 잔잔한 감동을 안겨주며 오늘날 우리 사회의 한 단면을 부분적이나마 한번쯤 돌아보고 세상을 좀 더 밝고 바르게 살아가는데 다소나마 보탬이 되는 하나의 계기가 되었으면 한다.

녹사평에서  저자 홍인호

## 차 례

제1부

# 별들의 전쟁

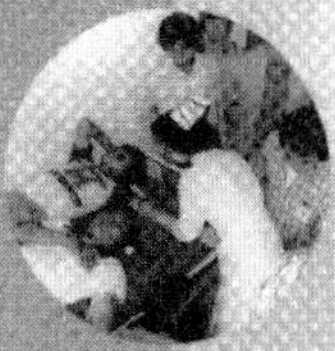

## 10 · 26 비운의 날

육군본부 인사참모부 장군인사실 장군인사장교로 근무하고 있을 때다. 인사참모부장 천주원 장군이 인사관리처장 권병식 준장에게 장군 3단계 보직방안에 대한 연구과제를 부여했다.

권장군은 처내에 있는 인사제도과 곽동도 중령과 함께 이 연구과제를 풀어갈 대안을 구상하다가 나의 협조를 구하기 위해 아래층 권장군 방으로 내려와 달라는 청을 받고 내려갔다. 연구하는데 밑바탕이 될 자료는 역시 장군인사장교인 나에게 있기 때문이다. 우리들 세 사람은 함께 머리를 맞대고 논의를 하다 저녁 8시쯤 되어 일손을 놓고 사무실에 올라와 퇴근준비를 하고 있었는데….

### ■ 육본 일직 총사령실이 시끄럽다

아래층 참모총장 비서실 옆에 있는 일직 총사령실 쪽에서 이상하게도 왁자지껄 떠드는 소리가 들려왔다. 나는 바로 내려가 봤다. 그날의 일직 총사령은 포병병과 출신으로 군수계통의 전문가인 최종례 준장이었다. 그는 미국에서 근무(주미 군수근무단장)하고 임기가 되어 막 귀국한 장군이다.

## ■ 정승화 총장의 긴급지시

그런 그가 벗어 놓고 있던 장군화를 서둘러 신고 지퍼를 막 올리고 권총을 허리에 차며 황급히 일어나 정문 쪽으로 향했다. 왜? 정승화 참모총장이 김재규 중정부장과 함께 차를 타고 육본B-2벙커로 가는 도중에 정문 위병소에 들러 전화로 일직 총사령에게 다음과 같은 지시를 하고 갔기 때문이다.

"이 시간 이후 육군 본부내에 있는 차량을 밖으로 못나가게 하고 또 외부에서 오는 차량도 들여보내지 말라는 지시" 그것뿐이다. 그리고는 총장은 김재규와 함께 육군본부 상황실이 있는 B-2 벙커로 향했다.

그리고 나는 실장 박규종 대령과 함께 퇴근한다고 육본 정문을 걸어나와 육군회관 쪽으로 길을 막 건너갈 무렵, 검은 세단들이 어둠이 깔린 초저녁에 연이어 B-2벙커 쪽으로 속속 들어갔다.

무슨 심상치 않은 일들이 벌어지고 있구나? 라는 생각을 하며 우리는 집으로 향했다. 나는 이태원 군인 아파트에 도착해 신발을 벗고 방에 막 들어서자마자 밖에서 누구인가 나를 찾고 있었다. 이봉근 상병이었다. 그는 우리 장군인사실 행정용 차량 운전병이다. 비상소집입니다. 왜? 몰라요. 나는 그 차를 타고 곧바로 B-2 벙커로 들어갔다. 그 안에는 처음 들어가 봤는데 그 내부에 마련된 참모차장 이희성 중장의 집무실에서 나는 대기하고 있었다.

김재규 중앙정보부장의 측근 박흥주 대령이 M16소총을 들고 이리저리 왕래하며 설치고 있었다. 이때 그를 보고 참모차장 수석부관 정○○대령이 물었다.

야! 뭐 있나? 아니야 곧 알게 될거야. 라고 그가 대답하고 지났다. 박흥주 대령과 정○○ 대령은 같은 육사 18기로 동기생이었다.

'나에게 감지되는 것은 없으니 영문도 모르고 무슨 일이 벌어지고 있구나'라고만 생각하며 밤늦게까지 아무 하는 일 없이 대기만 하고 있었는데 당시 육본 일반 참모부장들도 들어와 함께 대기하고 있었다.

## ■ B-2 벙커내의 비상각의 계엄선포

넓은 공간 회의실에서는 최규하 국무총리 주관으로 비상각의 즉 국무회를 열고 있었는데 밤이 늦어서야 전국 일원에 비상계엄령이 의결, 선포된 것이다. 초저녁에 육본 상황근무장교들을 보안상의 이유로 전원 내보낸 상황이어서 비상계엄령 전파할 요원이 없었다. 엉뚱하게 장군인사장교인 내가 상황실 전화기를 붙들고 전군에 비상계엄 선포상황을 하달한 것이다. 상황 전파가 끝난지 10여분 정도 지났는데 제주도 일원은 제외시키라는 영(令)이 있어 다시 제주 해군통제부에 전화를 걸어 해제 시켰다. 이 행위 하나만도 지금 생각하면 역사적인 일을 한 것이다. 라고 생각하지만 이 때부터 내가 분주해졌다. 장군인사장교로서 계엄사요원을 신속히 임명해야 한다. 계엄사령관 육군대장 정승화를 비롯해서 계엄사무소장과 계엄사요원들을 장군인사명령으로 기안, 인사참모부장 천주원 장군을 통해 결재를 받아 전군에 명령을 하달하고 나서 계속 대기하면서도 역시 영문은 알 수가 없었다. 아득한 옛날로 잠깐 돌아가 본다. 내가 초등학교 시절인 1948년 어느날 교실에서 수업을 하고 있는데 L-19 경비행기 1대가 갑자기 운동장을 저공비행하고 급상승하면서 전단을 뿌렸다. 그 전단은 마침 제주도 4·3사건에 따른 비상계엄령 선포 전단이었다. 그 어마어마했던 계엄사령관과 계엄사요원을 나의 손으로 명령을 기안, 임명하였다는데 남다른 감회가 깊었다.

공기를 쐬려고 통로에 잠깐 나왔는데 통로 어귀에 블록으로 쌓은 초병도 없는 빈 초소에 헌병감 김진기 준장이 혼자서 모자를 오른손에 들고 왼손은 허리춤에 얹고 고개를 약간 숙이고 휴~휴~ 한숨짓는 표정에 땀도 흘리는 모습이었다. 나의 생각에는 아마도 김재규 체포과정에서 좀 어정쩡한 일들이… 밤이 깊어 자정이 넘은 시각에 B-2벙커내 분위기는 정막이 흐르고 있는데 실장 박규종 대령이 나의 허리를 오른손으로 감싸며 한쪽으로 데리고 가 볼을 옆으로 맞대며 "각하"가 돌아가셨대…. 이 무슨 청천벽력인가… 갑자기 눈시울이 뜨거워지면서 두 눈에 눈물이 핑… 돌았다. B-2벙커에서 김재규도 체포되었다. 그날 B-2벙커에서 밤을 새고 아침에 육본 본청에 돌아와 보니 공수특전부대원들이 진주해 군데군데 무장초병들이 배치되어 있었다.

일반 장교들은 평온한 가운데 일상적인 업무를 보고 A.B.C조로 각각 나뉘어 광화문에 안치된 각하의 빈소를 조문하고 눈시울을 적셨는데 그때는 육본 버스를 이용했었다. 그 빈소를 방문한 조문객들은 남녀 노소를 불문하고 모두 하나같이 눈물 흘리며 통곡하고 있었다. 역시 민족의 가슴 깊은 곳까지 깊이 자리하고 계셨나보다.

내가 이 글을 쓰는 순간에도 코끝이 찡끗, 매운 맛이 돌고 눈시울을 적실 것만 같다.

대통령 임명직위 장군인사 보직건의(안)에 서명하실 때 박정희 전 대통령 각하께서는 꼭 맑은 청색 잉크의 만년필을 사용하시었다.

그 본을 따라 나도 옛날 중공제 '영웅'이라는 만년필 촉이 좋아 30년 간을 즐겨 사용하였는데 손잡는 부위가 뭉그러질 만큼 써서 가보로 남길 작정이었는데 집안에서 없어진 게 분명한데 찾을 길이 없다. 너무 애석한 부분이다. 왜냐? 박정희 대통령께 올리는 보고 문서를 쓰던 만년필이라 더욱 그렇다.

당시 인사관리처장 권병식 준장은 수도방위사령관, 참모차장, 교육사령관 등 3성장군으로 전역, 도로공사 사장을 지냈고, 당시 곽동도 중령은 9군단장과 2군부사령관을 지내고 역시 3성장군으로 전역하였다. 편집자 註

# 신군부 12 · 12 사태 결행

그 날은 여느 때보다 조금 일찍 퇴근했다. 지방에서 막내처남이 올라와 있기 때문이다. 집에 오자마자 세수하고 처남과 저녁상을 받아 밥 한술을 막 뜨는 순간, 운전병 이봉근 상병이 나타나 비상소집입니다. 무슨 일이야? 라며 숟가락을 놓고 바로 일어나 서둘러 차에 올랐다. 아파트 정문을 막 나설 무렵, 운전병이 말했다.

참모총장이 행방불명되었습니다.

그게 무슨 소리야?

총장 공관에서 누가 연행해 갔답니다.

무언가 심각한 일이 벌어지나 보다 라는 생각을 하는 사이에 내가 탄 승용차는 용산 삼각지에 있는 육군본부 본청 앞에 닿았다. 나는 승용차에서 내리자 마자 곧바로 2층에 있는 나의 사무실인 장군인사실로 들어갔다. 나의 사무실은 참모총장실과는 6~7m 거리이고 인사참모부장실과는 4~5m거리에 위치하고 있었다.

그리고 내가 있는 2층에는 총장실과 참모차장실 그리고 총장을 보좌하는 일반참모부장(2성장군)과 일반참모부 차장(2성장군)실이 즐비하게 늘어서 있는데 비교적 조용한 가운데 총장실 주변 근무병들이 소곤대는 말이 들려온다.

### ■ 참모차장의 인솔하에 일반참모부장들 수경사로

참모총장의 참모인 일반참모부장들이 도무지 상황파악이 안되어 매우 궁금하니까 우왕좌왕하다가 윤성민 참모차장의 인솔하에 필동에 있는 수도경비사령부로 지금 막 갔다는 것이다. 그 반면 일반참모부 차장들은 제각기 집으로 도망갔는지 어디로인가 서둘러 줄행랑을……

### ■ 베레모 공수특전병력

바로 뒤이어 베레모를 쓴 공수특전하사관들이 일부는 무전기를 매고 본청 2층 일반참모부장과 차장실을 뒤지며 무언가 확인하고 다니는 모습들이 보였다. 나는 바로 사무실 안에 들어와 월남서 민사심리전 요원으로 활약하던 월남 전우 고수복 중령과 옆 사무실 인사기획과에 근무하는 안준걸 부이사관과 3명이서 문을 걸어 잠그고 숨을 죽이며 밖의 동향을 예의 주시하고 있었다. 특히 내가 근무하고 있는 사무실은 장군 인사실이기 때문에 어떤 무리던 지간에 표적이 되지 않을까 하고 더욱 경계심을 가지고 사태를 주시하고 있었다.

### ■ 총장실 헌병초병 무장해제

불과 몇 분 지나지 않아 참모총장실 출입문 앞에 평소부터 부동자세로 서 있는 초병(헌병)을 향해 손들어! 하는 소리가 들렸다. 드디어 올 것이 왔구나! 어느 쪽의 어느 계열의 행동대원들일까? 여간 궁금한 게 아니었다. 왜? 상황을 도무지 읽을 수가 없는 순간이었기에 더욱 그러했다.

함께 있는 동료 두 사람을 책상 밑에 숨겨 놓고 나는 월남전투에서 수색소대장으로서의 용맹을 떨치던 기질을 상기하며 용기백배 문을 열고 나서는 순간 헌병은 무장해제 되고 바로 옆에 공수부대원 대위가 단독 군장한 체 서 있는 모습을 보았다. 내가 물었다. 대위! 소속이 어디야? ○공수여단입니다. 그래? 하며 더 이상의 말은 건네지 않았다. 순간 계단을 타고 아래층에 막 내려서자마자 탕… 하는 소리와 함께 총알이 슁… 하며 날아가는 것이다. 바로 허리를 굽혀 낮은 자세를 취하고 아래층 총소리 난 듯한 곳으로 주시해 봤는데 인기척이 없이 적막했고 더 이상의 총소리는 없었다. 그리고 피해자가 있다는 말도 없었다. 육본상황실에는 공수여단장 박희도 준장이 앉아 있다는 소리도 들려왔다.

## ■ 군수 상황장교 어느 장단에 춤을 추나

나의 사무실에서 옆으로 돌아 맨 구석에 있는 군수 상황실에서 상황근무를 하는 나의 장교 임관동기인 이대준 소령의 사무실에 들렀다. 이소령은 그야말로 애를 먹고 있었다. 완전히 도깨비에 홀린 기분이라며 푸념하고 있었는데 그도 그럴 것이 어느 쪽에서는 병력 수송용 트럭 ○대를 출동시키라는데 어느 한쪽에서는 차량을 출동시키지 말라고 저지하고…… 때문에 이소령은 출동지시 상황을 내려 이미 출동한 차량을 운행정지 시키고 복귀시키는데도 여간 신경이 곤두서는 게 아니라는 것이었다.

### ■ 총장공관의 불상사

날이 밝아 상황이 속속 전해오는 것을 보면 지난 밤에 육본 범죄수사단 우경윤 헌병대령 등 행동대원이 정승화 계엄사령관을 연행할 목적으로 총장 공관 진입과정에 공관 경비병들과 심한 교전이 있었고 그 와중에 우경윤 대령이 척추에 부상, 총장 전속부관도 총상을 입어 인근병원으로 실려가고 총장은 연행되었다는 것이다.

또한 간밤에 참모차장 인솔하에 수경사로 갔던 일반참모부장 가운데 작전참모부장 하소곤 장군이 가슴에 총상을 입었다는 소식도 들렸다.

### ■ 특전사령관실의 불상사

그리고 특전사령관 정병주 소장의 부상소식도 들렸다. 또한 공수여단 모 대대병력이 국방부를 접수과정에 국방부 경비 헌병들과의 심한 교전이 불을 뿜었다는 소식도 들렸다. 노재현 국방부장관은 공관에서 잠옷 바람에 미8군으로 가서 숨었다는 말도 들렸다. 9사단 일부연대병력, ○기갑여단의 역할 등 일일이 열거하기가 복잡해서 그날의 상황은 이 정도로 하고 나의 직책과 관련된 장군의 동향에 대해 몇 가지 기억나는 대로 말을 한다면

## ■ 영어자원 장군들의 역할

12 · 12당일 주도하는 세력 쪽에서는 무엇보다도 우선하는 게 미측의 양해를 설득으로 얻어내야 할 심각한 상황인 것 같았다.

그래서 영어자원의 장군들이 필요로 했을 것이며, 대표적인 인물이 당시 합참전략국장인 손장래 장군, 5군단 부군단장 김윤호 장군, 수도군단장 박노영 장군 등 수명이 각자 나름대로 대미전략에 역할을 했던 것으로 안다. 이들은 후일에 안기부 주미공사와 4성장군으로 군의 최고계급에까지 올랐다.

## ■ 전두환 보안사령관 중앙정보부장 거쳐 대장예편

전두환 장군이 보안사령관에서 중앙정보부장으로 옮겨 대장진급과 동시 예편하는 일련의 인사명령도 내가 기안, 결재 받고 발령하였다.

전두환 대장의 전역식은 1사단 연병장에서 치러졌으며 제병지휘관은 전장군과 육사 동기인 1사단장 최연식 소장이었다.

## ■ 김홍한 장군이 인사참모부장 부임

12 · 12 사태발생 직후인 12 · 24 육본인사운영감으로 있던 김홍한 장군이 역시 육본 인사참모부장으로 자리를 옮겨오면서 나와 인연을 맺는다. 부장이 부임과 동시 인사처리 대상자 즉 강제전역 대상자 명부와 이들에 대한 취업건의서를 작성하는데 그때는 점심 시간으로 이희성 총장이 식사가 끝나는 대로 곧바로 가지고

상부에 보고차 출발해야 하는 촉박한 시간으로 매우 힘든 작업이었다. 나는 정말 그 순간에 침착하고 대담성을 가지고 차질없이 작업을 완성, 그 시간을 맞춰드렸다.

그때 작성한 명부에 오른 장성급 명단은 주간지 "일요신문"(2004년 10월 28일)에 내가 25년 만에 최초로 공개하였는데 그 신문에서는 표지에 "12 · 12 신군부의 살생부"로 부각시켜 특종으로 다뤄졌다.

이를 공개하게 된 배경은 다음과 같다.

나는 언제 어디서 어떻게든 지나가는 길목에 12 · 12와 관련된 내용이 게재된 간행물을 보면 그대로 지나치지를 못하고 꼭 눈여겨보는 습관이 있어왔다.

언제인가 신문판매대 앞을 지나는데 "일요신문" 2000년 2월 6일자 15면에 12 · 12사태와 관련 전두환 신군부 친위 역쿠데타모의가 있었다. 라는 기사가 눈에 띄었다. 자세히 눈여겨보니까 1999년말에 미국에서 12 · 12당시 주한미 대사를 지낸 '그라이스틴'은「알려지지 않은 역사」역시 그 당시 주한 미군사령관을 지낸 존 위컴 대장은「12 · 12와 미국의 딜레마」라는 제하의 회고록을 한달 시차를 두고 각각 발간한 것이다. 이중 두 사람의 공통된 내용의 역쿠테타 관련 시기도 일치하였고 그라이스틴 대사는 당시 한국군의 상황을 예의 주시하였으나 "한국군에 숙청"이 있었다는 정보보고는 입수한 바 없다고 밝히고 있었다.

일요신문사측에서 기자가 미국에 날아가 그라이스틴과 위컴 장군을 만나봤지만 정답을 얻지 못하고 다만 역쿠데타 모의에 가담한 장군 한사람의 인상착의만 언급을 받고 돌아와 국내에 있는 예비역 4성과 3성장군을 추정해서 각각 접촉했으나 역시 답을 못 구했다.

그에 대한 답은 내가 가지고 있는데…라고 생각하면서도 묵묵히 지냈다. 세월은 빨라 그로부터도 4년이 벌써 흘러갔다. 12・12가 발생한지 이제 25년, 4반세기가 되는 시점에 과거사 문제를 재조명하는 움직임이 있는 시기에 미진하나마 내놓아야 되는 것 아니냐는 자문자답 끝에 용단을 내렸던 것인데, 어느 누구도 또 어느쪽을 의식해서 또한 악의적인 의도는 전혀 없음을 밝혀둔다. 이를테면 역쿠데타란 말을 미국사람들이 책을 통해 꺼내었다. "역쿠데타 모의"가 성공했으면 5공정권은 못 들어섰을 것이고, 반대로 전두환 5공정권이 탄생한 이상 "역쿠데타 모의"가 있었다면 실패한 것 아닌가? 실패했다면 역쿠데타를 모의했던 세력에 대한 인사조치가 반드시 따르게 아닌가? 그런데 역쿠데타 실패에 따른 인사조치는 없었다. 그렇다면 "역쿠데타 모의"설은 의미가 없는 게 아닌가 싶다.

다시 말해 역쿠데타 실패에 따른 인사조치는 내가 실무를 해야 하므로 알게되어 있는데 인사조치가 없었다는 것이다.

### ■ 장군 구조조정(정년조정)

인사참모부장 김홍한 장군과 나는 장군 구조조정으로 우선 정년을 손질했다. 준장에서 대장까지의 장군정년을 전 계급 공히 2년씩 단축시켰다. 여기에는 두 가지 숨은 의도가 깔려 있었다. 먼저 정년을 단축하므로써 정체현상을 해소할 수 있는 명분에 인력 순환 속도가 빨라 이른바 구세력의 군부가 자연도태되는 반면, 신 군부가 최고 수뇌부로의 조기진출로 단기간 내 확실한 군부장악을 노리는 정치적인 의도가 밑바탕에 깔려 있기도 하였다.

### ■ 사단장 직위계급 부여(소장)

준장급으로 사단장에 진출시켜 놓고 복무실태를 평가 분석한 결과에 따라 선별적으로 소장에 승진시키므로써 진급욕에서 나타나는 각종 부작용을 해소하기 위하여 사단장 진출시 아예 소장으로 직위계급 부여하는 방향으로 제도를 개선하였다.

### ■ 경찰간부직으로 군 장교인력 전직

경찰의 분위기 쇄신 차원에서 현역 군 장교인력이 경찰간부로 전직하는 작업이 이루어졌다.

이른바 중령급에서 10명을 경찰총경으로, 또한 소령급에서 20명을 경찰경정으로 전직해 갔다. 이들은 훗날, 일부는 경찰서장 등 총경에서 끝났고, 일부는 경무관, 또한 치안감까지 올라가 지방경찰청장까지 한 사람도 있다.

이러한 예는 5·16때도 있었던 것으로 알고 있다. 국보위위원은 거의 현역 장성과 대령 일부로 이루어졌는데 그들의 인선과정의 실무는 인사참모부장 김홍한 장군과 내가 담당했고 이에 대한 상부보고서도 내가 작성하였다.

## ■ 내 개인의 생각으로는

흔히 12·12사태를 군사 쿠데타라는 시각에서 제5공화국을 신군부 쿠데타 정권으로 몰아 부치는데 역으로 생각을 해보자. 그 엄청난 조직을 가지고도 그러한 사태를 막아내지 못한 정승화 계엄사령관과 그 맥을 같이한 당시 수도경비사령관 그리고 특전사령관 등 이른바 구 군부측에도 분명 책임이 있다고 볼 때, 그나마 전두환 5공 정권이었기에 망정이지, 일례로 그렇게 허약하고 쉽게 넘겨주었던 상대가 제3의 무리들이었다면 어떠했겠는가? 하마터면? 하고 생각을 하면 아찔하다.

그러한 사람들에게 국가의 안위를 맡겼던가라고 생각하는 일부 국민의 견해도 헤아려 봐야 할 게 아닌가 싶다.

## ■ 우유부단했던 정승화 계엄사령관

당시의 전두환 보안사령관과 정승화 계엄사령관을 부분적이나마 비교해 볼 수 있는 대목이 있어 소개한다.

그때 전사령관은 꺼칠한 얼굴에 노타이 콤비 등 캐쥬얼한 차림부터 당시의 긴박한 상황을 말하고 있는데 반해 정승화 계엄사령관은 육본 장군이발소에서 나와 본청을 향해 약 70여m 거리를 걸어가는 뒷모습을 보았다. 기름을 발라 번지르르한 머리에 광채가 나는 군화, 그리고 지휘봉을 잡고 아주 여유롭게 걸어가는 모습을 보면서 지금 저럴때가 아닌데 라고 생각했었다. 이때 좌측 옆에 따라 붙어 함께 걸어가던 참모차장 이건영 중장이 허리를 굽혀 정사령관의 군화에 묻은 티끌인지 뭔가를 오른손 손가락으로 털어 내는 장면도 보았다. 3성장군이 할 짓이 아닌 그런 아첨 장면을 본 것이다. 아주 치사한 장면이었다.

육군참모차장이면 되었지 거기에다 뭘 얼마나 더 바라보고 그런 행동을 할까? 우리 고위공직자들은 이러한 생각들이 문제인 것이다. 자리에 연연하지 말고 소신껏 바른길을 향해 갈 때만이 나라가 바로 선다고 보는 것이다. 그때 확실하게 국가질서를 유지하고 국가의 안위와 국리민복의 터전을 마련하지 못한 책임도 논해야 할 것으로 본다.

그런데 아이러니 하게도 그들 정승화 장군은 김영삼 문민정권 때 앞장서 일장연설을 하고 다녔고 큰 피해 당사자인 양 호도하고, 어찌된 일인가? 당시 수경사령관은 큰 피해자나 된 것처럼 보상차원의 예우를 받고 있다. 재향군인회장을 잘 지내고 국회로까지 진출하였다. 다같이 바꿔 생각해 볼 일이다.

## 역사 속에 가려진 인물 김홍한 장군!

### ■ 그는 누구인가?

그는 1931년 부산에서 출생, 1949년에 부산상고를 졸업하고 같은 해 4월에 동아대학교 법과에 진학하여 학업에 정진하던 중 6·25전쟁의 발발로 위기상황에 처한 국가를 구하고자 뜻한 바 있어 당시 장교양성기관인 육군종합학교에 자원, 종합 9기로 육군 소위에 임관, 전투소대장과 중대장으로 각종 전투에 참가하여 혁혁한 전공을 세웠다.

1953년 7월 27일 휴전이후에는 육군대학에서 교관직을 무려 4년 간이나 재직하면서 수많은 후배장교들에게 많은, 값진 군사지식을 전수(伝受)하였고 수도사단 작전참모, 같은 사단 기갑연대와 1연대에서 두 차례에 걸친 대대장, 30사단 참모장, 5군단 작전참모, 1군 작전처 기획과장 재직시에 준장진급, 5군단 참모장, 국방부 총무과장직에서 15사단장으로 진출 후 직위임기 2년에서 6개월을 단축, 교체되면서 육본 인사운영감으로 발탁된지 1년이 거의 될 무렵, 1979년 12·12사태가 발생하면서 역시 육본 인사참모부장으로 급히 자리를 옮겨 와 당시 장군인사장교로 재직하고 있던 나와 인연을 맺는다.

언제인가 어느 월간 잡지에 '우리나라 100대 실세직위'라 하여 실려있는 것을 본 일이 있는데 군부에서는 국방부를 포함, 육해공군을 통털어 육본 인사참모부장 직위 단 1개만 포함될 정도로 중요한 자리다.

사실, 거대한 육군의 조직을 관리하는 총책이란 점에서 그 중요성은 두말할 여지가 없다.

10·26이전만 하더라도 인사참모부장에 보직된 장군은 여기서 종(鐘)친다는 속설이 있을 정도로 영전하는 경우가 거의 없거나 군복을 벗었고 작전참모부장에 무게중심을 두고 있었다. 그러나 12·12이후 전두환 당시 국보위 상임위원장은 군 조직의 중요성을 알고 있었던 것이다. 12·12 발생 직후 평소 형제처럼 각별한 관계에 있던 김홍한 장군을 '인사참모부장'에 보하게 되었고(조직에 관한한 전적으로 알아서 잘해주도록 위임한거나 다름 없는 상태) 그 이후부터도 군 통수권자의 최 측근 실세들이 인사참모부장을 거쳐가는게 관행으로 여겨져 왔다.

내가 장군인사장교로 재직한 10년 동안에 열한 분의 인사참모부장이 거쳐갔다. 이 열한 분 가운데는 대장까지 올라간 사람이 4명(이 가운데 보안사령관을 거친 사람이 2명과 수방사령관 1명)이고 중장으로 올라간 사람도 4명(이 가운데 대통령 경호실장 출신도)이며, 나머지 3명은 10·26이전에 거쳐간 사람으로 더 이상의 진출이 없이 2성장군으로 군 생활을 마감했다.

특히 金烘漢 장군의 성품은 과묵하고 두뇌가 좋아 육군장교의 각 계급별 필수교육과정 중, 초급장교 때의 초등군사반 성적은 90.7점 석차 2/52, 고등군사반에서는 93점에 1/125의 석차, 소령, 중령 때 거쳐야 하는 육군대학(정규과정)에서도 93.5점으로 1/100의 석차로 졸업, 전 과정에서 우등했다. 어학능력도 영어(중), 일어(상), 중국어(하) 등급 수준이나 3개 외국어를 구사할 정도의 실력을 갖췄다. 업무처리 실무면에서도 내가 가까이서 함께 했던 16개월 동안 겪어본 바로는 특히 기획력이 탁월한 분으로 느껴졌다.

때문인가 수하에 보좌팀도 각종 교육기관에서 1등한 사람을 선호하는 경향이 있었다. 그러나 이 부분만은 굳이 좋은 현상으로 볼 수만은 없었다. 어느날 부장 김장군이 나를 보고 홍중령! 예… 아예 내 책상 옆에 자리해서 업무를 보도록 해… 알겠습니다. 실은 부장실과 나의 집무실인 장군 인사실과는 불과 5~6m밖에 안 되는 거리이고 참모 총장실과는 7~8m의 거리에 위치하고 있지만 그때는 수시로 급한 과제가 떨어지는 상황이라서 부장 집무책상 바로 옆자리에 위치하여 완전 비상업무체제로 일상 업무를 수행할 정도였다.

17:00에 일과가 종료되어도 퇴근은 상상할 수도 없고 부장과 내가 단 둘이서 밤샘 밀실작업을 한도 끝도 없이 지속해야만 했다.

김장군이 인사참모부장으로 부임과 동시 신군부 이외의 구세대 일부장군 수십 명을 선정해 정리대상으로 삼아 예편과 동시 취업을 건의하는 작업을 내가 진행하고 있었다. 그때는 점심시간으로 육군참모총장이 식사가 끝나는 대로 바로 들고 상부보고차 떠날 준비를 하는 터에 너무나 긴박한 짧은 순간으로 매우 숨막히고 힘든 작업이었다. 그 다음 부장을 보좌해서 장군구조조정작업에 들어갔는데, 먼저 장군의 정년을 각 계급별 공히 2년씩 단축, 조정하므로써 그 간의 적체현상을 해소하는 동시에 신진대사 촉진으로 인력순환이 빠르게 진행되어 신진들의 조기진출이 가능해지고 여기에는 신 군부세력의 급성장을 꾀하는 정치적 의도가 깔려 있기도 하였다.

또한 준장급으로 사단장에 진출시키고 복무성과 결과에 의해 선별적으로 소장진급을 시키던 제도를 바꾸어 아예 사단장 진출 시 소장으로 직위계급을 부여하는 방향으로 개선하므로써 진급욕에서 오는 과열경쟁 현상 등 여러 가지 부작용을 해소하였다.

국회해산에 따른 대체 입법기관인 국가보위입법회의(약칭 : 국보위)가 설치되는 무렵, 군내부에서는 극소수 일부 의견이긴 해도 시대착오적 발상으로 이것 되겠느냐? 라는 부정적인 시각을 가진 반대여론도 없지 않았다. 그러나 그대로 추진됨에 따라 국보위 요원(현역 장성과 당시 육사교에 대령급 두뇌 2~3명 등)의 인선과 편성실무 그리고 이에 관한 상부보고서는 내가 작성하였다.

김장군의 혈액형도 나와 같은 A형으로 외형상의 성격은 다소 차이가 있어 보이나 업무처리 방식이나 인간적인 내면세계에서는 공통점이 많았던 것으로 여겨졌다. 그래서인가 부장과 나는 업무하는데도 호흡이 척척 잘 맞았다. 부장은 다량의 기획물을 생산, 쏟아내면 나오는 대로 내가 일목요연하게 요약정리하여 상부에 올라갈 보고서를 만들어 냈고, 부장은 그때그때 내가 만든 보고서를 검토할 때마다 만족감을 표시하면서 “잘했어!” “좋았어!”를 연발하곤 하였다.

어느날 밤 자정이 넘어서 내가 부장실에서 어떤 사안에 대한 작업을 하고 있었는데 장교정복 상의는 벗어 걸어 놓고 와이셔츠에 넥타이 차림의 부장이 책상 위에 구두를 신은 체 두발을 올려놓고 이어폰을 껴 카세트 테이프에 담긴 영어공부를 한참 동안 하다가 자리에서 일어나 실내를 한바퀴 돌더니 한참 일하는 나의 등 뒤에서 어깨위로 글쓰는 모습을 보면서 여러날 동안 밤샘 고생하는 걸보고 안쓰러웠는지 "장교가 글 잘 쓰고 일 잘하니까 고생하지"라고 위로의 말을 해요. 그말을 듣자 그 고통스러움이 일순간에 풀리는데 왜냐? 부장이 원래 입이 무겁고 말이 없어 인사참모부 대령급 과장들 사이에서 하는 말이 있어요. 부장을 가리켜 "북… 북…"이라고 별명 아닌 별명이 붙여질 정도의 분이였기에 그 순간에 나에게 던진 한마디는 정말 큰 마음먹고 한 말이기 때문이다. 그리고 나서 자리에 가서 앉아마자 홍중령! 하고 나를 부르더니 "경찰이 개판이야! 우리 군인들이 가서 새 바람 이르켜야 돼!!" 하고 말을 꺼냈다. 내가 예… 5·16때도 하기는 선례가 있습니다. 하셔도 됩니다. 다시금 한마디! 부장이 중령에서 총경으로 소령에서 경정으로 몇 명씩 하면 좋겠나? 하고 물었다. 내가 신속하게 대략적인 염두판단으로 중령 10명, 소령 20명해서 보내고 그들에 대한 사후관리를 잘해주면 곧 경무관으로 올라서면서 경찰 분위기가 쇄신되고 점차적으로 그 영향이 파급되어 갈 것입니다. 라고 답했다.

부장이 잠시 생각에 잠기더니 아니야! 좀 많을 것 같지 않나? 거기서 중령 3명, 소령 4명을 줄여서 중령 7명 소령 16명으로 하자고 말을 남기고는 날이 밝아 아침 8시면 보고하러 갈 테니 보고서를 준비해 놓도록 하라며 자리를 뜨는 순간, 부장님! 왜? 저는 군 생활도 할 만큼 했으니 경찰총경으로 가겠습니다.

가면 이 일은 누가 하고… 겨우 생각하는 게 총경이야? 아무 소리말고 일이나 해….

후일 우리가 기획한 대로 상부의 윤허가 나서 바로 육군장교 인력이 경찰로 전직해간 것이다. 이들 가운데 일부는 경찰서장에서 끝나고 또 일부는 경무관 또는 치안감으로 올라가 지방경찰청장까지 지낸 사람도 있다.

당시만 해도 컴퓨터 등 사무기기를 사용하지 않고 모든 행정사무가 거의 수작업으로 이루어질 때라 특히 우리가 하는 일은 거의 대통령에게 가는 보고서라 예우차원에서도 정성들여 작성하는 솜씨가 꼭 필요한 시기였던 탓도 있었다. 그래서 그가, 김장군이 행하는 일들은 반드시 그림자처럼 내가 따라 붙어 실무보좌를 했다. 이 외에도 "여러 가지 수많은 굵직굵직한 쉽게 밝힐 수 없는 사안들을 다룬 비사(秘史)"와 나를 남겨두고, 정국이 다소 안정되어 갈 무렵인 1981년 5월 12일 육본 인사참모부장 16개월 그 파란만장했던 세월을 뒤로하고 6군단장으로 진출하고 임기 4개월을 앞두고 육군참모차장으로 영전 4개월만에 제2군사령관으로 4성장군직위에 전보된지 3개월만에 대장, 4성장군으로 진급, 고속성장하였다.

그러나 장래가 촉망되던 그의 앞길에 이 무슨 청천벽력인가? 먹구름이 아주 짙은 먹구름이 드리워졌다.

1984년 7월 12일 여름날 예하부대 순시차 우중(雨中)에 헬기를 이용한 게 무리수였던가? 기상악화로 그 헬기가 어느 산비탈에 추락하므로써 끝내 비명에 가 버린 것이다.

그때가 나의 군정년 두 달 반을 남겨놓은 시점에 비정하게 저 세상으로 가버린 것이다. 인사참모부장 재직 때 보좌하던 성윤영 대령이 그후 준장 진급, 김장군이 군사령관으로 가면서 정보처장으로 데려가 놓고 그 날 그 비운의 헬기순시에 성장군이 수행하다 함께 간 것이다. 전속부관 그 젊은 나이의 정대위도 함께 따라간 것이다. 지극히 마음이 아픈 부분이다.

김장군이 그 중요한 시기에 인사참모부장으로서 업무를 수행하는 바로 그때 바로 그 옆에 그의 주변에 달라붙어 갖은 아첨 다 떨던 무리들! 누구 한 사람 이 분! 김홍한 장군을 들먹여 주는 사람 있는가? 아무도 없다. 다만 고요할 뿐이다.

요즘 흔히 정치권 또는 일반 사회에서 어떤 지위에 있는 지체 높으신 분들 제 똥구녁이 구린 국가를 좀 먹는 사람들이 걸핏하면 'XX파일, 무슨 파일' 하며 터뜨린다고 엄포를 놓고 상대를 갉고 물고늘어지는 험상궂은 세태 속에서 나야말로 숨겨둔 수많은 옛 추억이 가슴만 적실뿐이다!

다음은 00년 2월 6일자 "日曜新聞"

12・12당시 글라이스틴 전 주한미대사/위컴 전 미군사령관의 회고록과 관련 기사를 짚어 보겠다.

일요신문(2000년 2월 6일자 15면)

12・12 당시 주한 미대사와 미군사령관을 지낸 두 사람이 1999

년말 한달 시차를 두고 각각 회고록을 발간했다.

- 글라이스틴 대사 = 알려지지 않은 역사
- 위컴 미군사령관 = 12 · 12와 미국의 딜레마라는 제하의 책 이다.

이 두 권의 책이 정도의 차이는 있으나 모두 전두환 신군부 내부에서 친위 역 쿠데타 모의가 있었다는 사실을 담아 시기도 1980년 1월 경으로 일치했다.

국내 언론사에서는 이 같은 의문에 초미의 관심이 쏠렸다. 과연 가능했을까?

※전 언론사의 집요한 추적도 시작됐었다.

글라이스틴 대사의 "회고록"

- 1980년 1월 마지막 주 약 30명의 장성급 장교들이 전두환 제거를 모의한다는 정보를 입수했다. 며칠 후 전투지휘관을 지낸 고위인사가 우리(위컴을 포함 미군 측)에게 접근 그 인사는 3주후 다른 직책으로 전보되어 그의 동료들도 몇몇 같은 일을 당했을 것.
- 한국군 내부에 숙청이 있었다는 정보보고는 받지 못했다. 그 후의 정보보고로 판단컨대 모의에 참여했던 장군들은 적절한 위치에 있지도 않았고 군사적으로도 우리가 생각했던 것 보다 약했던 것 같다. 라고….

위컴 사령관의 "회고록"

보다 구체적으로 언급하면서도 전혀 다른 사람을 지목하는 것 같았다. 아침 일찍 한미연합 사령관실로 누군가가 찾아왔다고. 그는 서울에 배치된 육군중장으로 강인한 인상이었는데 내가 아는 바로는 군내의 인맥이 든든한 사람이었다. 영어실력도 통역관이 필요없을 정도로 유창했고 역쿠데타 모의를 갖고 나를 찾아왔던 중장은 퇴역한 무리에 끼어있지 않아서 그 모의는 비밀로 남겨졌다고.

※심층 취재에 나섰던 엄상현 기자는 이들의 언질을 기초로 예비역 대장 박노영과 예비역 중장 이범준을 추정인물로 지목, 면담했지만 답을 못 찾아 낸 체 미궁에 빠졌다.

이 두사람의 미국인 "회고록" 내용 중 내가 말할 수 있는 것은

- 글라이스틴 대사는 한국군 내부에 숙청이 있었다는 정보보고는 받지 못했다고 하는데, 실제 한국 육군의 소장급 장성과 준장급 장성 21명을 강제전역 시켰다.
- 글라이스틴 대사와 위컴 사령관이 공통된 견해 즉 전두환 제거를 위한 역쿠데타 모의가 있었다고 하는데, 당시 상황으로 볼 때 과연 가능했을까? 당시에 장군인사를 담당했던 나 개인의 생각으로 굳이 말을 한다면 이들이 말하는 역쿠데타 모의가 실제 존재했다면 성공한 것은 분명 아니고, 실패했다면 그들에 대한 인사조치가 반드시 따랐을 것 아닌가? 실패에 따른 인사조치가 없었다. 그렇다면 이들의 언급에 의미를 두고 싶지 않다.

제403호 정치 일요신문 2000년 2월 6일 (일요일) 15

이범준 장군

박노영 장군

# "박노영장군이 그사람"

## 80년 전두환 친위대 역쿠데타설 주역은 누구

'그날' 추적

# "전두환측의 안개작전"

80년 전두환 신군부 친위 역쿠데타 모의가 실제 있었던 사실이 국내 전 고위장성에 의해 처음 확인됐다.

당시 국방부 방위산업차관보 이범준 전장군(80년 2월 중장예편)의 증언에 의해서다. 이 전장군은 최근 본지와의 전화 인터뷰를 통해 역쿠데타 모의 사실을 간접적으로 시인하면서 자신과의 무관함을 주장했다. 이는 지난해 말 윌리엄 글라이스틴 전 주한미대사와 존 위컴 전 한미연합사령관이 자신들의 회고록을 통해 최초로 폭로한 '신군부 친위 역쿠데타 모의설'을 뒷받침해 주는 것이어서 주목된다.

이범준 역쿠데타? 80.1月 마지막주 - 3주후 전날?

80년 당시 한국에 재임했던 윌리엄 글라이스틴 전 주한미대사(왼쪽)와 존 위컴 전 한미연합사령관은 최근 자신들의 회고록을 통해 '반전두환 쿠데타 모의설'을 증언하고 나서 관심이 쏠리고 있다.

## 글라이스틴·위컴 회고록 '역쿠데타' 증언… 가능성 높은 인물 두명으로 좁혀져

이 "위컴 만나긴 했지만 역쿠데타 반대입장 전달"

박 "전두환 측에서 미국 반응 확인위해 역전술 폈을 수도"

### '전두환 제거 모의' 정보 입수

### "지금은 언급할 시기 아니다"

(엄상현 기자)

## 낙엽이 우수수… "지는별 / 뜨는 별"

### ■'반 신군부' 장성 숙청

1. 최초공개 전두환 신군부 / 3대 밀실작업 전모

최근 대법원의 '12・12, 5・18사건 수사기록 공개거부 처분 부당' 판결이 내려지면서 1979년 전두환 신군부에 의해 촉발된 군사쿠데타 과정에 대한 진실 규명 움직임이 다시 일고 있다. 이런 가운데 최근 〈일요신문〉은 12・12군사 쿠데타 직후 신군부 핵심에 의해 작성된 문서 2건을 전격 입수했다.

이 문건은 당시 '거사'후 완벽한 군부 장악을 노린 신군부 세력이 자신들에 반하는 현역 군장성을 솎아내기 위해 작성한 '살생부 리스트'였다. 이른바 '인사처리대상자'와 '전역장성 취업건의'가 그것. 이 명단에 오른 총 20명의 당시 현역 장성들은 당초 12・12사태를 거치면서 자의반 타의반으로 예편한 것으로 알려졌으나, 실제로는 이 '숙청 리스트'에 오름으로 해서 전원이 동시에 강제 예편 조치된 사실이 처음 밝혀졌다.

1979년 12월 당시 이 문건을 직접 작성했던 홍인호 예비역 중령에 의해 25년 만에 공개된 이 문건은 전두환 보안사령관과 김홍한 육본 인사참모부장이 직접 낙점한 숙청자 명단이다. 두 사람은 당시 육군 소장과 준장을 대상으로 신군부에 반하는 소위 정승화 계엄사령관 측근 20여 명을 엄선했다. 역쿠데타의 화근도 미리 막고, 신군부 세력의 조기 진출도 꾀할 수 있다는 일거양득을 노린 결과였다. 이 문건은 실체가 드러남으로써 지금까지 여러 경로를 통해 '12 · 12사태 직후 신군부에 의한 반대 세력 숙청 작업은 없었다'는 그간의 정설도 뒤집히게 될 것으로 보인다.

본지에 이와 같은 2건의 문건을 전격 공개한 홍인호 예비역 중령은 12 · 12사태 당시 육군본부의 인사참모부에서 장군인사장교로 근무한 실무자였다. 그는 "12 · 12가 발생하자마자 곧바로 인사참모부장으로 부임해온 김홍한 장군과 함께 단 둘이서 1979년 12월에서 1980년 5월에 이르기까지 숨가쁘게 전개되는 역사의 과정에서 숱한 철야 작업을 통해 수많은 군 인사들의 인사작업을 모두 진행했으며, 우리 손을 거쳐간 군 인사들은 이후 5~6공의 실세로 초고속 성장을 해 나갔다"고 밝혔다.

그는 "당시 전 사령관과 그의 전폭적인 신뢰와 권한을 위임받은 김 장군의 결정이 곧 국가의 결정이었으며 (최규하)대통령의 결재란은 형식에 불과했다. 내 손으로 작성한 결재 문건 가운데 단 한 건도 반려된 것이 없었다"고 밝혀 당시 두 사람의 막강한 영향력을 짐작케 했다.

전 사령관의 지시 또는 권한 위임으로 당시 '김~홍'팀이 담당한 군인사 밀실작업의 주요 내용은 1979년 12월 중순의 '반 신군부 세력 숙청 작업'과 경찰 장악을 위한 1980년 1월의 '현직 영관급 장교의 경찰 간부 파견 작업', ○월의 '국보위 요원 인선과 편성 작업'등이 대표적이다.

2. 반대파 제거

오늘날 12 · 12 쿠데타에 대해서는 당시 여러 당사자들의 증언을 통해 그 진행 과정이 비교적 상세히 전해지고 있다. 정승화 계엄사령관의 전격 연행과 함께 그의 당시 대표적 최측근으로 알려진 정병주 특전사령관(소장)과 장태완 수경사령관(소장), 김학원 1군사령관(중장), 이건영 3군사령관(중장)은 모두 1980년 1월 한꺼번에 옷을 벗었다. 물론 강제 예편조치였다. 문흥구 합참본부장(중장) 역시 1980년 1월 합참본부장에서 보직해임된 뒤 1년 후 예편했다.

소장과 준장급 장성들 가운데서도 당시 정 사령관 측근이거나 혹은 그 편에 서서 상대적으로 신군부에 반대했던 것으로 알려진 인사들은 많았으나, 이들에 대한 신군부측의 특별인사 조치는 현재까지 전혀 공개된 바 없다.

한국 군부의 동향을 세밀히 관찰했던 글라이스틴 당시 주한 미대사도 이 같은 신군부의 '군 장악 프로그램'을 전혀 알 수 없었다. 글라이스틴 전 대사는 지난 1999년 자서전(알려지지 않은 역사)에서 "(12 · 12직후) 당시 한국군 내부에 '숙청'이 있었다는 정보는 받지 못했다"고 밝혔다.

하지만 홍 예비역 중령은 "당시 숙청 대상 명단을 전 사령관과 김 장군이 선정했고, 그 명단 작성을 내가 직접 이 손으로 썼다"면서 "정보력이 밝은 미국의 감시망도 피할 만큼 아주 극비리에 전격적으로 단행된 조치였다"고 밝혔다.

그가 그 증거자료로 제시한 당시 문건 사본을 보면 '인사 처리 대상자'라는 제하에 17명의 현역 소장과 3명의 현역 준장 등 모두 20명의 장성 명단이 나열돼 있다.

이 명단은 당시 군의 핵심인 육군본부 참모진을 비롯, 정승화 사령관 측근 인사들로 대부분 채워져 있다. 당시 육본의 작전참모부장으로 있으면서 정사령관 연행 직후 각 지휘관들에게 일일이 전화를 걸어 "예하부대를 철저히 장악하고 육본 명령 이외의 지령에 흔들리지 말 것"을 엄중 지시했다가 신군부에 의해 M16 총탄을 가슴에 맞고 중상을 입기도 했던 하소곤 소장(갑종 1기)도 명단에 포함돼 있다.

또한 육본 정보참모부장 황의철 소장(육사8기), 교육참모부장 채항석 소장(육사10기), 작전참모부차장 안철원 소장(육사8기), 예비군참모부차장 이호봉 소장(육사10기), 국방부 인력차관보 유병하 소장(육사7기), 민사군정감 신정수 소장(육사8기) 등이 포함돼 있다.

이외에도 평상시보다는 특히 비상시국인 계엄상황하에서 각 지방의 행정과 국방을 총괄하는 막강한 힘을 발휘할 수 있는 각 군관구사령관이 이 명단에 대거 포함됐다. 부산 경남지역을 맡았던 2군관구사령관 정상만 소장(육사8기), 충청 지역을 담당했던 3군관구사령관 김종구 소장(육사7기), 대구 경북지역을 맡았던 5군관구사령관 김명수 소장(육사10기) 등이 그들이다. 광주에 위치하고 있는 전투병과교육사령부(전교사)부사령관 백윤기장군(육사7기도 여기에 포함됐다.) 1군관구(호남지역)사령관과 6군관구(경기지역)

사령관은 제외된 것으로 봐서 숙청 대상에 오른 3명의 사령관이 신군부에 의해 '요주의 인물'로 찍힌 것으로 보인다.

야전군 부사령관인 소장 계급의 1, 2, 3군 부사령관도 어김없이 인사처리대상자에 포함돼 있다. 박승옥 소장(육사9기), 곽응철 소장(육사9기), 김수중 소장(육사9기)이 그들이다. 이외에도 육군대학총장 김한용 소장(육사8기), 포병학교장 박재종 소장(육사8기), 제2훈련소장 이필조 소장(종합12기), 제2훈련소 부소장 김병삼 준장(종합1기), 행정학교 교수부장 정우봉 준장(종합2기), 감찰차감 장영돈 준장(종합2기) 등이 숙청자 명단에 포함됐다.

당초 숙청대상자 명단에 올랐다가 스스로가 자진 전역 의사를 밝혔던 김진기 헌병감(갑종6기)까지 포함하면 실제 대상자는 모두 21명이 된다.

당시 숙청 대상에 올라 불명예 예편해야 했던 채항석 예비역 소장은 "당시 상황이야 어디 상식이나 순리가 통하는 시대였나, 그저 자기들 내키는 대로 군을 휘두른 것 아니야, 지금 생각해보면 차라리 그때 옷 잘 벗었다는 생각이 든다. 더 이상 당시 얘기 재론하고 싶지 않다."며 불편한 심경을 내비치기도 했다.

그는 '당시 숙청 대상자로 오른 것은 모두 정승화 사령관 측근이라는 이유 때문이었는가'라는 질문에 "정 사령관 측근은 무슨…"이라고 일축하며 "솔직히 당시 누구 누구가 함께 축출당했는지도 모르겠다. 그냥 어느날 갑자기 나가라니까…군인은 마지막까지 명예로워야 하는 것 아니냐, 이젠 다 잊고 산다"며 말문을 닫았다.

홍 예비역 중령에 따르면 당시 숙청 대상자 21명은 별다른 '반발'이 없었던 것으로 알려졌다. 당시 군부내의 분위기가 반발이나 저항을 할 수 있는 상황이 전혀 아니기도 했지만, 신군부측 역시 최대한 조용히 마무리 짓기 위해 나름대로의 '당근'을 제시했던 것으로 밝혀졌다.

홍 예비역 중령은 "숙청 대상자들의 불만을 무마하기 위해 각 공사(공기업)에 자리를 만들어주는 것은 물론, 훈장 수여와 위로 차원의 '보로금'도 전달한 것으로 알고 있다"고 밝혔다. 실제 본지에서 확인한 결과 당시 강제적으로 옷을 벗은 장성들 가운데 상당수가 보국훈장국선장과 이등보국훈장 등을 서훈받은 것으로 확인됐다.

또한 전체 21명 가운데 단 3명을 제외한 전원이 당시 퇴역과 동시에 광업진흥공사, 석유개발공사, 농협중앙회 등 공기업의 주요 임원 자리를 제공받은 것으로 확인됐다. 이에 대해 당시 전역과 동시에 모 공사의 간부로 옮겨간 한 예비역 소장은 "훈장은 전두환이 준 것이 아니라 내 30년 군생활에 대해 국가가 준 것이기에 받았다"며 "공사 간부 자리는 미력이나마 군이 아닌 곳에서라도 국가에 봉사한다는 마음으로 받아들였으나, 돈 받은 적은 결코 없다"고 부인했다.

### 3. 경찰력장악

박정희 소장에 의한 5·16군사 쿠데타 이후 당시 군 장교들이 경찰력을 장악하기 위해 경찰 간부로 파견나간 사실은 알려졌지만, 이 같은 일이 똑같이 12·12 직후 신군부에 의해서도 자행됐다는 사실이 이번에 처음 밝혀졌다. 이 같은 작업도 역시 '김~홍'

팀에 의해 주도됐던 것으로 확인됐다. 홍예비역 중령의 회상이다.

"김 장군이 1980년 1월경 갑자기 내게 '경찰이 개판이야, 아무래도 우리 군인들이 가서 새 바람을 일으켜야겠어'라고 말했다. 그래서 내가 '예, 5 · 16때도 그런 전례가 있습니다'라고 대답했다. 그 즉시 김 장군의 지시에 따라 구체적인 보고서를 내가 직접 작성했다."

하지만 그는 이 발상의 최초진원자가 전 사령관이었는지, 김 장군이었는지는 확실히 모르겠다고 덧붙였다. 아무튼 홍중령이 기획해서 올린 보고서대로 당시 실제 현역 육군 중령 10명은 경찰 총경으로, 소령 20명은 경정으로 자리를 옮겼다고 한다. YS 정권에서 경호실 차장을 지낸 바 있던 강아무개씨 역시 이때 육군 중령으로 예편해서 곧바로 경찰 총경으로 옷을 바꿔입었던 것으로 알려졌다.

당시 이 같은 조치의 배경에 대해 홍 예비역 중령은 "전두환 사령관의 경우, 12 · 12 직후 국보위 설치 등 사실상 모든 권력 장악 진행 과정이 박정희 전 대통령을 많이 따라갔다"며 "5 · 16 직후 경찰력을 장악하기 위한 조치가 필요했던 것처럼 12 · 12 직후에도 (충성도가) 강한 군인들을 투입해서 상대적으로 나약한 경찰력을 다잡을 필요성을 제기됐던 것 같다"고 그 배경을 설명했다.

### 4. 국보위 출범

1980년 5월 31일 '국가보위비상대책위원회'라고 하는 정체불명의 막강한 새 기구가 출범했다. 이 국보위는 사실상 당시 최규하 대통령을 무력화시키고 권력의 추를 전두환 보안사령관으로 옮기도록 하기 위한 장치였다. 지금껏 국보위의 설치시기와 그 배경, 그리고 구성원들의 인선 과정을 놓고 갖가지 논란이 거듭해온 게 사실이다.

홍 예비역 중령은 이와 관련해 "국보위 상임위원과 각 분과위원 가운데 현역 군 장성 및 영관급 장교를 대상으로 하는 인선은 우리 방에서 다 이뤄졌다"고 밝혔다. 그리고 그는 "내가 직접 그 명단을 작성했기 때문에 정확히 기억하는데, 당시 국보위 인선은 5·18 광주 항쟁 이전에 다 끝났다"고 말했다. 이 같은 증언은 지금껏 국보위 탄생과정에 대해 신군부측이 밝히고 있는 "5·18 사태 등 사회 혼란상을 수습하기 위한 비상대책기구의 필요성에 따른 조치"라는 설명을 정면으로 뒤집는 것이어서 주목된다.

지난 YS정권 때 5·18 사태에 대한 검찰 수사 당시 합수부 정보처장이었던 권정달씨는 "5월 4일경 신군부 핵심 5인방인 유학성 3군사령관, 차규헌 육사교장, 황영시 참모차장, 노태우 수경사령관, 정호용 특전사령관을 포함한 군인들이 모여 시국수습방안을 논의하면서 국보위 얘기가 나왔고, 그뒤 12일 전두환 사령관에게 보고했다. 당초 전 사령관이 최 대통령에게 17일 비상계엄확대 실시, 국회 해산, 국보위 설치 등 3개항을 인준받으려 했으나, 최 대통령의 반대로 국보위 설치는 인준받지 못했다. 계엄령 선포 이후 27일 국보위 설치령안이 국무회의에서 의결됐다"고 주장했다.

따라서 홍 예비역 중령의 증언이 사실이라면, 지금껏 27일 의결 이후 사흘간의 인선과정을 거쳐 31일 정식으로 국보위가 출범한 것으로 알려진 것과는 달리, 실제 이미 군 인사는 5·18이전에 모두 정해진 최 대통령의 형식적인 재가 절차만 기다리고 있었던 셈이 된다.

홍 예비역 중령은 "당시 형식적인 위원회 외에 국보위의 실제 원동력은 전 사령관이 위원장으로 있는 상임위원회와 그 산하의 분과위원회였다. 상임위와 각 분과위에 투입될 현역 장성, 장교들을 대상으로 한 선정 작업은 우리 방에서 엄정하게 이뤄졌다"고 밝혔다.

당시 선정된 육군 현역 장성상임위 명단을 보면 차 교장과 노 수경사령관, 정 특전사령관 외에 신현수, 박노영, 강영식, 김윤호 중장, 이기백, 이광노, 심유선, 오자복 소장, 이우재 준장 등이 포함돼 있다. '문건 기입자'인 김 장군 자신도 상임위에 참여했다.

이외에도 각 분과위원에는 허화평 허삼수를 비롯, 이춘구, 안무혁, 민병돈, 최평욱, 서완수 등 대부분 하나회 출신 장교들이 대거 선발됐다. 또한 오명 대령(전 과기부 장관), 최창윤 대령(전 총무처 장관) 등 똑똑하다고 소문난 영관급 장교들을 발탁했고, 결과적으로 이들은 국보위 진출을 계기로 이후 5~6공 정권에서 모두 승승장구하는 발판을 마련했다.

홍 예비역 중령은 "5공 정권 출범의 중요한 초석이 되었던 국보위 선정 작업은 특히 중시했다"면서 "당시 김 장군이 써준 이름을 건네받으면 군인사 기록카드를 통해서 내가 명단을 작성했다. 전~김 두 사람간의 교감이 잘 이뤄졌기 때문에 작업은 일사천리로 진행됐다"고 밝혔다.

아울러 홍 예비역 중령은 자신의 증언이 12~12에서 5~18에 이르는 격동기의 역사적 진실에 접근하는 단초가 되기를 바란다는 말을 남겼다.

—일요신문 2004년 10월 24일자 기사 중에서

김명국 기자 kmg@ilyo.co.kr

대한민국 대표 주간신문

일요신문

649호 10월 28일 www.ilyo.co.kr

LG새집, 삼성 내려보고 현대 굽어본다

재계총수들 집결 한남동 재벌지도

▲이건희 회장 이사는 왜? ▲재벌총수들과 그 일가들에 얽히고 설킨 한남동 풍수지리

12·12 당시 육본 인사장교 홍인호 극비문건

최초 공개

전두환 신군부 '살생부' 리스트

내가 직접 참여한 3대 밀실작업

① '반 신군부' 군장성 20명 숙청작업

② 경찰력 장악 위한 군장교 경찰 간부 파견 작업

③ 국보위 요원 인선과 편성작업 이렇게 진행됐다

전씨가 전권 위임 김홍한 장군 누구

이회창 개인사무실 비밀

이봉서 전 장관 소유 남대문로 D빌딩 내 사무실 상세 추적

노 대통령 오랜 침묵 '뭔가 꾸미고 있다' 내막

한만수 본격 성인소설 제2화 '미스터 손 상경기' 첫선

(애정의 조건) 헤로인 한가인

DJ 중대역할론 급부상 막후

여야 대권주자들 '자식농사'

이번주 기업기사 SK·뉴코아·이랜드·국민은행

# '반 신군부' 장성

**최초 공개 전두환 신군부**

## 3대 밀실작업 전모

[illegible]

**1 반대파 제거**

오늘날 12·12 쿠데타에 대해서는 당시 여러 당사자들의 증언을 통해 그 진행 과정이 비교적 상세히 전해지고 있다. 정승화 계엄사령관 전격 연행과 함께 그의 당시 대표적 최측근으로 알려진 정병주 특전사령관(소장)과 장태완 수경사령관(소장), 김학림 1군사령관(중장), 이건영 3군사령관(중장)은 모두 한 해 1월 한꺼번에 옷을 벗었다. 물론 강제 예편조치였다. 문홍구 합참본부장(중장) 역시 80년 1월 합참본부장에서 보직해임된 뒤 1년 후 예편됐다.

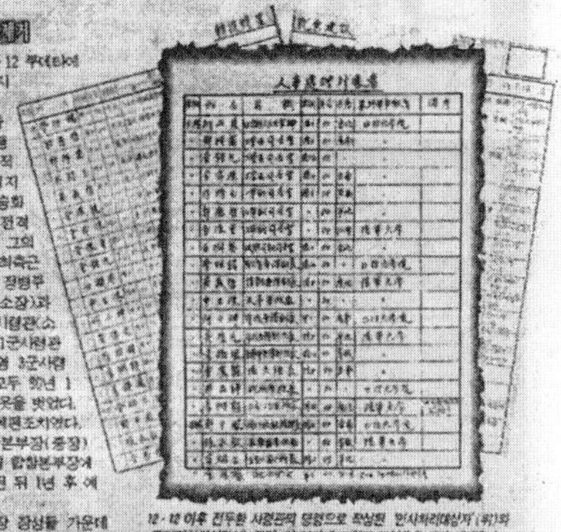

12·12 이후 전두환 사령관의 명령으로 작성된 '인사처리대상자'(위)와 '전력증강위원건의' 문건. 이 명단에 포함된 장성들은 강제 예편됐다

소장과 준장 장성들 가운데서도 당시 정 사령관 측근이거나 혹은 그 편에 서서 상대적으로 신군부에 반대했던 것으로 알려진 인사들은 많았으나, 이들에 대한 신군부측의 특별 인사 조치는 현재까지 전혀 공개된 바 없다.

한국 군부의 동향을 세밀히 관찰했던 글라이스틴 당시 주한 미대사도 이 같은 신군부의 '군 장악 프로그램'을 전혀 알 수 없었다. 글라이스틴 전 대사는 지난 99년 자서전 '알려지지 않은 역사'에서 "12·12 직후 당시 한국군 내부에 '숙청'이 있었다는 정보는 받지 못했다"고 밝혔다.

하지만 홍 예비역 중령은 "당시 숙청 대상 명단을 전 사령관과 김 장군이 선정했고, 그 명단 작성을 내가 직접 이 손으로 했다"면서 "정보력이 밝은 미국의 감시망도 피할 만큼 아주 극비리에 전격적으로 단행된 조치였다"고 밝혔다.

그가 그 증거자료로 제시한 당시 문건 사본을 보면 '인사처리대상자'라는 제하에 17명의 현역 소장과 3명의 현역 준장 등 모두 20명의 장성 명단이 나열돼 있다.

이 명단은 당시 군의 핵심인 육군본부 참모진을 비롯, 정승화 사령관 측근 인사들로 대부분 채워져 있다. 당시 육본의 작전참모부장으로 있으면서 정 사령관 연행 직후 각 지휘관들에게 일일이 전화를 걸어 "예하부대를 철저히 장악하고 육본 명령 이외의 지령에 흔들리지 말 것"을 급히 지시했다가

### 당시 육본 인사장교 홍인호 예비역 중령 살생부 리스트와 작성 경위 등 전격공개

신군부에 의해 M16 총탄을 가슴에 맞고 중상을 입기도 했던 하소곤 소장(갑종1기)도 명단에 포함돼 있다.

또한 육본 정보참모부장 황의철 소장(육사6기), 교육참모부장 채항석 소장(육사10기), 작전참모차장 안철원 소장(육사8기), 예비군참모차장 이호봉 소장(육사10기), 국방부 인력차관보 유학하 소장(육사7기), 인사군정감 신영수 소장(육사8기) 등이 포함돼 있다.

이외에도 평상시보다는 특히 비상시국인 계엄상황에서 각 지방의 행정과 국방을 총괄하는 막강한 힘을 발휘할 수 있는 각 군관구 사령관이 이 명단에 대거 포함됐다. 부산 경남 지역을 맡았던 2관구 사령관 정상만 소장(육사8기), 충청 지역을 담당했던 3관구 사령관 김종구 소장(육사7기), 대구 경북 지역을 맡았던 5관구 사령관 김병수 소장(육사10기) 등이 그들이다. 광주에 위치하고 있는 전투병과교육사령부(전교사) 백운기 부사령관(육사7기)도 여기에 포함됐다. 1관구(호남 지역) 사령관과 6관구(경인 지역) 사령관은 제외된 것으로 봐서 숙청 대상에 오른 3명의 사령관이 신군부에 의해 '요주의 인물'로 찍힌 것으로 보인다.

야전군 부사령관인 소장 계급의 1, 2, 3군 부사령관도 어김없이 인사처리대상자에 포함돼 있다. 박승옥 소장(육사9기), 곽응철 소장(육사8기), 김수종 소장(육사9기)이 그들이다. 이외에도 육군대학 총장 김용휴 소장(육사8기), 포병학교장 박재종 소장(육사8기), 제3훈련소장 이필조 소장(종합12기), 제2훈련소 부소장 김행상 준장(종합1기), 행정학교 교수부장 정우봉 준장(종합2기), 감찰차감 강영돈 준장(종합2기) 등이 숙청자 명단에 포함됐다.

당초 숙청대상자 명단에 올랐다가 스스로가 자진 전역 의사를 밝혔던 김진기 헌병감(갑종6기)까지 포함하면 실제 대상자는 모두 21명이 된다.

당시 숙청 대상에 올라 불명예 예편해야 했던 최웅식 예비역 소장은 "당시 상황이야 어디 상식이나 순리가 통하는 시대였나. 그저 자기들 내키는 대로 군을 휘두른 것 아니냐. 지금 생각해보면 차라리 그때 옷 잘 벗었다는 생각이 든다. 더 이상 당시 얘기 꺼내고 싶지 않다"며 불편한 심경을 내비치기도 했다.

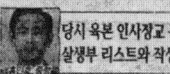

그는 '당시 숙청 대상자로 오른 것은 모두 정승화 사령관 측근이라는 이유 때문이었는

2004년 10월 24일 (일요일) 제649호 일요신문 사회 11

# 20명 극비 숙청

## 79년 12월~80년 5월 정승화 측근 20명 강제 예편

## 경찰력 장악 위해 영관급 군 장교를 경찰 간부로 파견

## 국보위 인선 5·18 전에 완료…하나회 출신 대거선발

가"라는 질문에 "정 사령관 측근은 무슨…"이라고 일축하며 "솔직히 당시 누구 누구가 함께 숙출당했는지도 모르겠다. 그냥 어느날 갑자기 나가라니까… 군인은 마지막까지 명예로워야 하는 것 아니냐. 이젠 다 잊고 산다"며 답문을 닫았다.

홍 예비역 중령에 따르면 당시 숙청 대상자 21명은 별다른 '반발'이 없었던 것으로 알려졌다. 당시 군부내의 분위기가 반발이나 저항을 할 수 있는 상황이 전혀 아니기도 했지만, 신군부측 역시 최대한 조용히 마무리 짓기 위해 나름대로의 '당근'을 제시했던 것으로 밝혀졌다.

홍 예비역 대령은 "숙청 대상자들의 불만을 무마하기 위해 각 공사에 자리를 만들어주는 것은 물론, 훈장 수여와 위로 차원의 '보로금'도 전달한 것으로 알고 있다"고 밝혔다. 실제 본지에서 확인한 결과 당시 강제적으로 옷을 벗은 장성들 가운데 상당수가 보국훈장 국선장과 아들보국훈장 등을 서훈받은 것으로 확인됐다.

또한 전체 21명 가운데 단 3명을 제외한 전원이 당시 퇴역과 동시에 광업진흥공사 석유개발공사 농협중앙회 등 공기업의 주요 임원 자리를 제공받은 것으로 확인됐다. 이에 대해 당시 전역과 동시에 모 공사의 간부로 옮겨간 한 예비역 소장은 "훈장은 전두환이 준 것이 아니라 내 30년 군생활에 대해 국가가 준 것이기에 받았다"며 "공사 간부 자리는 마찬가지로 군이 아닌 곳에서라도 국가에 봉사한다는 마음으로 받아들였으나, 돈을 받은 적은 결코 없다"고 부인했다.

**2 경찰력 장악**

박정희 소장에 의한 5·16 군사 쿠데타 이후 당시 군 장교들이 경찰력을 장악하기 위해 경찰 간부로 파견나간 사실은 알려졌지만, 이 같은 일이 똑같이 12·12 직후 신군부에 의해서도 자행됐다는 사실이 이번에 처음 밝혀졌다. 이 같은 작업도 역시 '김-홍' 팀에 의해 주도됐던 것으로 확인됐다. 홍 예비역 중령의 회상이다.

"김 장군이 80년 1월경 갑자기 내게 '경찰이 개판이야, 아무래도 우리 군인들이 가서 새 바람을 일으켜야겠어'라고 말했다. 그래서 내가 '예, 5·16 때도 그런 전례가 있습니다'라고 대답했다. 그 즉시 김 장군의 지시에 따라 구체적인 보고서를 내가 직접 작성했다."

하지만 그는 이 발상의 최초 진원지가 전 사령관이었는지, 김 장군이었는지는 확실히 모르겠다고 덧붙였다. 아무튼 홍 중령이 기획해서 올린 보고서대로 당시 실제 현역 육군 중령 10명은 경찰 총경으로, 소령 20명은 경정으로 자리를 옮겼다고 한다. YS 정권에서 경호실 차장을 지낸 바 있던 강아무개씨 역시 이때 육군 중령으로 예편해서 곧바로 경찰 총경으로 옷을 바꿔입었던 것으로 알려졌다.

당시 이 같은 조치의 배경에 대해 홍 예비역 중령은 "전두환 사령관의 경우, 12·12 직후 국보위 설치 등 사실상 모든 권력 장악 진행 과정이 박정희 전 대통령을 많이 따라갔다"며 "5·18 직후 경찰력을 장악하기 위한 조치가 필요했던 것처럼 12·12 직후에도 (충성도가) 강한 군인들을 투입해서 상대적으로 나약한 경찰력을 다잡을 필요성이 제기됐던 것 같다"고 그 배경을 설명했다.

**3 국보위 출범**

1980년 5월31일 '국가보위비상대책위원회'라고 하는 정체불명의 막강한 새 기구가 출범했다. 이 국보위는 사실상 당시 최규하 정권을 무력화시키고 권력의 추를 전두환 보안사령관으로 옮기도록 하기 위한 장치였다. 지금껏 국보위의 설치 시기와 그 배경, 그리고 구성원들의 인선 과정을 놓고 갖가지 논란이 거듭돼온 게 사실이다.

홍 예비역 중령은 이와 관련해 "국보위 상임위원과 각 분과위원 가운데 현역 군 장성 및 영관급 장교를 대상으로 하는 인선은 우리 방에서 다 이뤄졌다"고 밝혔다. 그리고 그는 "내가 직접 그 명단을 작성했기 때문에 정확히 기억하는데, 당시 국보위 인선은 5·18 광주 항쟁 이전에 다 끝났다"고 말했다. 이 같은 증언은 지금껏 국보위 탄생 과정에 대해 신군부측이 밝히고 있는 "5·18 사태 등 사회 혼란상을 수습하기 위한 비상대책기구의 필요성에 따른 조치"라는 설명을 정면으로 뒤집는 것이어서 주목된다.

지난 YS정권 때 5·18 사태에 대한 검찰 수사 당시 합수부 정보처장이었던 권정달씨는 "5월4일경 신군부 핵심 5인방인 유학성 3군사령관, 차규헌 육사교장, 황영시 참모차장, 노태우 수경사령관, 정호용 특전사령관을 포함한 군인들이 모여 시국수습방안을 논의하면서 국보위 얘기가 나왔고, 그뒤 12일 전두환 사령관에게 보고했다. 당초 전 사령관이 최 대통령에게 17일 비상계엄확대실시, 국회 해산, 국보위 설치 등 3개항을 인준받으려 했으나, 최 대통령의 반대로 국보위 설치는 인준받지 못했다. 계엄령 선포 이후 27일 국보위 설치령안이 국무회의에서 의결됐다"고 주장했다.

따라서 홍 예비역 중령의 증언이 사실이라면, 지금껏 27일 의결 이후 사흘간의 인선 과정을 거쳐 31일 정식으로 국보위가 출범한 것으로 알려진 것과는 달리, 실제 이미 군 인사는 5·18 이전에 모두 정해진 채 대통령의 형식적인 재가 절차만 기다리고 있었던 셈이 된다.

홍 예비역 중령은 "당시 형식적인 위원회 외에 국보위의 실제 원동력은 전 사령관이 위원장으로 있는 상임위원회와 그 산하의 분과위원회였다. 상임위와 각 분과위에 투입될 현역 장성 장교들을 대상으로 한 선정 작업은 우리 방에서 엄정하게 이뤄졌다"고 밝혔다.

당시 선정된 육군 현역 장성 상임위 명단을 보면 차 교장과 노 수경사령관, 정 특전사령관 외에 신현수, 박노영, 장영식, 김윤호 중장, 이기백, 이광노, 심유선, 오자복, 이우재 준장 등이 포함돼 있다. '문건 기안자'인 김 장군 자신도 상임위에 참여했다.

이외에도 각 분과위원에는 허화평 허삼수를 비롯, 이춘구 안무혁 민병돈 최평욱 서완수 등 대부분 하나회 출신 장교들이 대거 선발됐다. 또한 오명 대령(전 과기부 장관), 최창윤 대령(전 총무처 장관) 등 똑똑하다고 소문난 영관급 장교들을 발탁했고, 결과적으로 이들은 국보위 진출을 계기로 이후 5~6공 정권에서 모두 승승장구하는 발판을 마련했다.

홍 예비역 중령은 "5공 정권 출범의 중요한 초석이 되었던 국보위 선정 작업은 특히 중시했다"면서 "당시 김 장군이 써준 이름을 건네받으면 군인사 기록카드를 통해서 내가 명단을 작성했다. 전-김 두 사람간의 교감이 잘 이뤄졌기 때문에 작업은 일사천리로 진행됐다"고 밝혔다.

아울러 홍 예비역 중령은 자신의 증언이 12·12에서 5·18에 이르는 격동기의 역사적 진실에 접근하는 단초가 되기를 바란다는 말을 남겼다.

감명국 기자 kmg@ilyo.co.kr

80년 4월1일 김홍한 장군(오른쪽)이 홍인호 중령의 계급장을 달아주고 있다.

## 5공 기틀 잡은 인사실세

### 신군부 조직인선 김홍한 장군 누구

1977년부터 85년까지 격동의 세월 동안 육군본부 인사참모부에 인사장교로 근무했던 홍인호 예비역 중령은 어길 수 없이 자신의 손으로 수많은 역사적 기록에 남을 만한 여러 문건들을 직접 작성해야 했다.

홍 예비역 중령은 "당시 10·26 사태, 12·12 쿠데타, 5·18 광주항쟁 등 숱한 사건을 맞으면서 군부의 권력이 이른바 구(舊)군부에서 신군부로 바뀌었다. 그런데 그 과정에서 실질적으로 전두환 사령관의 의중을 읽고 모든 군내 인사조치를 총괄 책임졌던 김홍한 장군에 대해서는 지금까지 전혀 조명되지 않고 있다. 사실상 신군부의 초석은 김 장군이 만들었다고 해도 과언이 아닐 만큼 그는 당시 신군부의 대부격이었다. 전두환 노태우 등 그의 도움을 받지 않은 신군부 세력들이 없을 정도였지만, 84년 비명 횡사를 함으로써 그에 대한 평가는 일순간에 사라져 버렸다"고 밝혔다.

그 김홍한 장군은 지난 84년 7월12일 2군사령관 재직 당시 여하부대 순시 도중 헬기 추락사고로 사망했다.

김 장군은 부산 출신으로 부산상고와 동아대 법학과를 졸업했다. 31년생으로 전두환 당시 보안사령관과는 동갑이다. 별도 75년에 같이 달았고, 소장 진급도 77년에 같이했다. 하지만 그는 중장까지로 80년에 소위로 임관했다. 육사11기 출신인 전 사령관에 비해 5년이 빨랐다. 그래서 전 사령관은 김 장군을 장교 시절부터 평소 '형님'으로 불렀다고 한다.

특히 인사의 중요성을 잘 알고 있었던 전 사령관은 12·12 쿠데타 성공 직후 김 장군을 육본 인사참모부장으로 앉히면서 사실상 신군부 인사의 전권을 위임했다. 다음은 홍 예비역 중령의 증언이다.

"당시 전 사령관은 김 장군에게 '조직 인선에 관한 한 형님이 알아서 잘 해 주십시오'라고 말할 정도로 전권을 위임했다. 당시 모든 작업은 김 장군이 스스로 기획한 것이거나 아니면 전 사령관의 언질을 받고 김 장군의 머리를 한 단계 거친 것을 내가 최종 정리해서 대통령과 계엄사령관에게 올릴 보고서를 만드는 형식이었다"고 밝혔다.

인사를 총괄하며 막강한 힘을 휘두르던 당시 육본 인사참모부실에 수많은 장교들이 기웃거리자 김 장군은 홍 중령의 책상을 아예 자신의 집무실 안으로 들어오게 해서 둘만이 함께 인사 작업을 했다고 한다. 보안유지를 위해 철야 작업을 수시로 했으며, 때론 눈을 피하기 위해 삼각지 부근의 여관방을 잡고 일을 한 적도 있었다고 한다.

김 장군은 16개월 동안 인사참모부장으로 있으면서 모든 조직의 인사를 다 처리해 사실상 5공 정권의 기틀을 다졌다. 이후 81년 중장으로 진급해 6군단장(20개월), 참모차장(4개월)을 거쳐 2년 만에 별 4개를 다는 초고속성장을 거듭한다. [감]

### 전두환 사령관과 동갑…승진 빨라 "형님"

### 16개월간 인사참모부장 이후 초고속승진

2004년 10월 24일 (일요일) 제649호 일요신문 정치 3

# 더블'로 돌파한다

여권 핵심-동교계 잦은 접촉

③ 경기부양

전 정부 차원 대대적인 뉴딜정책
"효과 있으면 뭐든지 할 것"

17대 국회의 이 한장의 사진

한나라당 정두언 의원

'참을 수 없는 끼' 여의도서 발산

NEWSWINDOW

이봉서 전장관 소유 남대문로 D빌딩 상세추적

이회창 개인사무실 비밀

DJ 중대역할론 급부상 막후

12·12 당시 육본 인사참모 황인호 증령 극비문건 최초공개

전두환 신군부 '살생부' 리스트

전직가 위임 김홍한 장군은 누구?

여야 대권주자들 '자식농사' 누가 잘 지었나

LG 새집 삼성 내려다보고 현대 굽어본다

재계총수들 집결 한남동 재벌지도

'미스터 손 상경기' 첫선

일요신문

구독신청: (02)2198-1564~5

부수인증매체

# 내가 겪은 전두환 신군부

## ■ '김복동 예편 원서 받는 당일 할일 다한 뒤 서명'

12 · 12 쿠데타가 있은 지 얼마 후 육군회관에서 '의미있는' 모임이 있었다. 육사 16기 임관 20주년 기념 모임이었다. 당시 동기회 회장은 장세동 수경사 30경비단장이었다. 영관급 장교로 당시 일선 부대의 연대장 또는 대대장 등 야전 지휘관으로 나가 있던 육사 16기는 대단히 중요한 위치에 있었던 기수였다.

이 모임 직전에 육군회관 앞에 황급히 한 대의 짚차가 다가와 섰고, 거기에서 전두환 보안사령관이 내렸다. 그를 수행한 이는 김진영(육사 17기) 당시 수경사 33경비단장이었다. 전씨는 노타이의 사복 차림에 캐주얼화를 신고 면도도 하지 않은 꺼칠한 모습이었다고 한다. 당시 상황의 긴박성을 말해주는 대목이다. 전씨는 당시 행사장에서 "지금은 국가의 위기이며 아주 중대한 상황이다. 여러분들이 도와줘야 한다"는 취지의 일장 연설을 했다.

같은 육사 동기들이지만 당시 노태우, 정호용씨 등은 전씨를 직속 상관 모시듯 아주 깍듯했다고 한다. 당시 보여준 전씨의 위상은 하루아침에 이뤄진게 아닌 만큼 이미 오래전 하나회 내부에서부터 전씨는 사실상 최고 지도자의 위치를 점하고 있었던 셈이다.

1. 인사참모부 장군인사실이 육사 16기 아지트

홍 예비역 중령은 육사16기들과 친했다고 한다. 자신은 비육사 출신이지만 연령으로 볼 때 육사16기와 연배가 같았기 때문. 특히 인사참모부 장군인사실에 있던 실장 박규종 대령이 동기회 총무였던 관계로 본의아니게 참모부 그 사무실이 동기회 사무실 비슷한 기능을 했다는 것. 따라서 홍 예비역 중령도 이들과 자연스럽게 친해진 탓에 명예회원으로 위촉되기도 했다고 한다. 여기에는 당시 장군인사 담당자였던 홍 예비역 중령의 위치를 감안한 측면도 있었던 것으로 보인다.

홍 예비역 중령은 특히 장세동 전 안기부장에 대해 남다른 기억을 갖고 있었다. 그는 "장씨는 이미 당시부터 '제2의 전두환'으로 불릴 정도로 카리스마와 보스 기질이 남달랐다"며 "언변도 뛰어났고 행동에 있어 원칙이 분명해서 주변에서는 이미 벌써부터 전두환 후계자로 예상하기도 했다"고 전했다. 특히 인사참모부 장군인사실을 들를 때마다 홍중령! 예… 이것 찻값이요. 라며 봉투를 챙겨주고 자리를 뜨곤 했다.

홍 예비역 중령은 지난 1999년 서울 송파갑 재선거 당시의 비화 한 토막도 전했다. 당시 장씨는 6월에 실시될 예정이었던 재선거에 출마할 뜻을 잠깐 내비쳤다가 3월경에 스스로 접은 것으로 알려진 바 있다. 하지만 당시 장씨는 잠깐 출마를 생각했던 차원에서 벗어나 실제 송파구의 한 아파트로 이사를 가고 사무실을 얻고 선거대책본부장에 육사 동기인 박아무개씨를 앉히는 등 출마에 상당한 의욕을 보였다는 것.

그러던 장씨가 갑자기 출마를 포기한 것에 대해 주변에서는 "장씨의 출마를 포기시킬 사람은 전씨 단 한사람뿐"이라면서 당시 대통령이던 DJ와 전씨와의 '교감'이 있었을 거라는 추측하는 이도 있었다고 한다.

홍 예비역 중령은 "김복동씨의 사실상 강제 전역 절차를 직접 보면서 새삼 권력의 힘을 느끼기도 했다"고 털어놓았다. 장교 및 장성급 인사 자력카드를 관리해왔던 그에게는 육사 11기의 최고 인재로 단연 김씨가 돋보였다는 것. 특히 전씨와 김씨 두 사람은 나란히 1, 2위의 위상을 다투었던 탓에 그 경쟁의식도 굉장했다고 한다. 실질적인 정규 육사 출신의 최고의 자리를 다투는 자존심이었던 셈이다. 하지만 12·12 쿠데타 이후 두 사람의 명암은 극명하게 엇갈렸다. 전씨가 국보위 상임위원장을 맡으면서 사실상 권력을 장악했던 1980년 7월, 김씨는 육사교장으로 부임했다. 이후 전씨는 8월 대장으로 승진한 뒤 곧바로 예편하고 11대 대통령에 취임했다.

신군부의 쿠데타에 반대했던 김씨의 존재는 전씨에게는 부담스런 존재였다. 특히 김씨는 후배 군인들의 존경도 받고 있었다.

1982년 1월 어느날 갑자기 인사참모부 장군인사실에 김씨를 예편시키라는 지시가 떨어졌다. 홍 예비역 중령은 "당시 중장이자 육사교장으로서의 예우를 갖추기 위해 내가 직접 예편원서를 들고 찾아가야 했으나 너무 부담스러워 부하를 시켰다. 그가 내게 전해준 말에 따르면, 당시 김씨가 옛 친구에 의해 불명예스럽게 갑자기 옷을 벗어야만 했던 인간적인 분노가 얼마나 컸던지를 가늠할 수 있었다"고 밝혔다.

당시 육본 인사참모부 장군인사실에서 갑작스레 예고도 없이 육사 교장실에 들이닥치는 순간, 김씨는 이미 '올 것이 왔다'는 것을 직감했던 것으로 보인다. 하지만 김씨는 원칙적인 업무 수행으로 무언의 항의를 벌였다.

그는 인사참모부 장군인사실 관계자를 부속실에 앉혀둔 채 자신의 집무실에서 그날 예정된 모든 집무를 다 수행했다고 한다. 진급신고, 업무보고는 물론 외부 방문객의 인사까지 모두 받았다는 것. 그리고 나서 오후에 더 이상 그날의 업무가 없자, 그제서야 들어오게 해서는 단 한마디 말도 없이 입을 굳게 다문 채 싸인펜으로 꾹 눌러서 예편원서에 서명을 빠른 속도로(팍-팍-팍-팍)하고는 시종 입을 다문 채 묵묵히 방을 나섰다고 한다.

12·12사태를 전후로 막강실세의 계엄사령관에서 하루 아침에 이등병으로 강등된 정승화씨를 보면서 홍 예비역 중령은 권력의 무상함도 느꼈다. 하지만 홍 중령은 계엄사령관 당시 정씨의 모습에 대해 "참 아쉬움이 많이 남는다"고 전했다.

### "권력의 무상함 느꼈다"

그는 "아침마다 정 사령관은 깨끗이 이발을 하고 옷에 먼지 하나 묻어 있지 않을 정도의 아주 깔끔한 모습으로 지휘봉을 쥐고 차에서 내렸다. 심지어 반짝반짝 빛나는 구두에 무엇이 묻어 있을라… 염려할 정도였다"며 "그 모습을 본 일부 장교들 중에서는 '정신없이 뛰어다녀야 할 이 위기 상황에서 계엄사령관이 너무 겉모습만 신경쓰는 것 아니냐'는 불만이 터져나오기도 했다"고 전했다.

홍 예비역 중령은 "모두 그런 것은 아니지만, 정치 군인들은 특성상 달면 삼키고 쓰면 뱉는 군인답지 못한 풍토를 낳은 측면도 있다"고 개탄했다. 그는 그 대표적인 인물로 육사 ○기 출신의 P씨를 꼽았다. P씨는 12·12 쿠데타 성공 이후 승승장구한 대표적인 인물. 특히 인사에 민감했던 그는 당시 인사참모부를 수시로 들락거리며 약삭빠른 처신으로 유명했다고 한다. 특히 충청도가 고향인 어떤 이는 대령 때부터 자신을 '홍 박사'라고 부르며 인사에 대한 정보를 얻기 위해 애썼다는 것. 하지만 막상 준장 진급 후 4성 장군으로의 최고 계급까지 올라가는 목적을 성취한 그는 언제 그랬느냐는 듯이 태도가 배신으로 바뀌는 아주 질이 나쁜 졸장도 있었다고 한다. 당시 P씨는 이후 정치권으로 진출해서 5공 실세로 명성을 이어갔다.

홍 예비역 중령은 "당시 내가 직접 담당했던 중요한 군인사의 현장에 대한 기억을 되살려 정치 군인들이 본격적으로 등장하기 시작했던 당시의 비화를 구체적인 기록으로 남길생각"이라는 계획을 내비치기도 했다.

—일요신문 2004년 10월 31일 기사 중에서

감명국 기자 kmg@ilyo.co.kr

대한민국 대표 주간신문

일요신문

650호 11월 4일 www.ilyo.co.kr

고현정, 이선희와 손잡고 컴백한다

단독보도 이선희가 세운 기획사 통해 활동 재개 예정… 승용차 지원 받고 거처도 옮긴 사연

위헌 결정 이끈 보수의 '창'을 꺾어라

여권 VS 조선 동아 대전쟁 온다

정국 대진단

▲보수세력 때리기로 지지세력 재결집… 여권 노림수가 향하는 곳

▲언론 개혁법안 등 전면전 불가피 조선 동아도 대대적 응전

기획특집 위헌판결 막전막후

헌재판결 3대 미스터리

①선고시점 조절설… 국감 때 얻어맞기 싫어 늦췄다?

②아이디어 차용설… 최대권 교수 이론과 거의 같다

③내용 사전유출설… 언론사 8:1 정보보고 정확했다

청와대 일주일 전에 국민투표 준비했었다

'부분적 위헌' 보고 받고 대책 세웠다가 망연자실했던 노 대통령

'분노의 역류' 충남 연기 민심 르포

"워치게 죽어 가는지 보러왔슈?"

17대 국회의원 고액기부자 통해서 본

한국 정치인 인맥지도 정밀분석

"또 다른 나를 꿈꿔요"

영화 (주홍글씨)서 파격 변신 이은주

홍인호 비화공개 제2탄

'내가 겪은 전두환 신군부'

장세동은 봉투 등으로 주위 잘 챙기고 성공한 정치군인P씨는 '작업' 끝나면 모른척

부동산 특집 검증된 곳에 씨를 뿌려라

동급생 감금 폭행 사례 원조교제 강요

어른 뺨친 여중생 포주 필스토리

20 사회 일요신문 2004년 10월 31일 (일요일) 제650호

# "김복동 예편당일 할일 다한 뒤 서명"

"전두환 신군부의 12·12 사태가 한창 이슈에 있을 때 'OO파일' 운운하며 마치 큰 비밀을 갖고 있는 것처럼 엄포를 놓거나, 막상 역사의 진실 앞에서는 자기 방어에만 급급해 하는 일부 군 출신 위정자들의 작태가 한심할 따름이다."

<일요신문>이 지난주 보도한 '전두환 신군부의 살생부 리스트 문건 최초 공개' 기사의 자료를 제공했던 홍인호 전 육본 인사장교는 25년 만에 당시 문건을 공개하는 이유에 대해서 이렇게 말했다.

1979년 12·12 군사쿠데타를 전후로 해서 약 10년 가까이 육본인사참모부실에서 장군인사장교로 근무했던 홍 예비역 중령은 보직 때문에 어쩔 수 없이 수많은 장군들과 맞닥뜨리거나 인사카드를 관리해야 했다. 실세 밖에는 수많은 정치군인들이 [illegible]했다. 장군 진급 심사가 있을 때나 인사 때에는 정보를 얻기 위해 숱한 군인이나 정치인들이 기웃거리기도 했다. 이 같은 역사의 이면을 가까이서 지켜본 홍 예비역 중령이 전두환과 신군부 사람들에 얽힌 몇 가지 비화를 공개했다.

## 홍인호 예비역 중령 "내가 본 전두환 신군부" 비화

**홍인호 예비역 중령은 12·12 전후 약 10년간 육본 인사참모부실 근무 숱한 군인·정치인 대면**

12·12 쿠데타가 있은 지 얼마 후 육군회관에서 '의미있는' 모임이 열렸다. 육사16기 임관 20주년 기념 모임이었다. 당시 동기회 회장은 장세동 수경사 30경비단장이었다. 영관급 장교로 당시 일선 부대의 연대장 또는 대대장 등 야전 지휘관으로 나가 있던 육사16기는 대단히 중요한 위치에 있었던 기수였다.

이 모임 직전에 육군회관 앞에 황급히 한 대의 짚차가 섰고, 거기에서 전두환 보안사령관이 내렸다. 그를 수행한 이는 김진영(육사17기) 당시 수경사 33경비단장이었다. 전씨는 노타이의 사복 차림에 캐주얼화를 신고 면도도 하지 않은 꺼칠한 모습이었다고 한다. 당시 상황의 긴박성을 말해주는 대목이다. 전씨는 당시 행사장에서 "지금은 국가의 위기이며 아주 중대한 상황이다. 여러분들이 도와줘야 한다"는 취지의 일장 연설을 했다.

같은 육사 동기들이지만 당시 노태우 정호용씨 등은 전씨를 직속 상관 모시듯 아주 깍듯했다고 한다. 당시 보여준 전씨의 위상은 하루아침에 이뤄지는 것이 아닌 만큼 이미 오래전 하나회 내부에서부터 전씨는 사실상 최고 지도자의 위치를 점하고 있었던 셈이다.

### 참모부실이 육사16기 아지트

홍 예비역 중령은 육사16기들과 친했다고 한다. 자신은 비육사 출신이지만 연령으로 볼 때 육사16기와 연배가 같았기 때문. 특히 인사참모부실에 있던 박규용 실장이 동기회 총무였던 관계로 본의 아니게 참모부 사무실이 동기회 사무실 비슷한 기능을 했다는 것. 따라서 홍 예비역 중령도 이들과 자연스럽게 친해진 뒤에 명예회원으로 위촉되기도 했다고 한다. 여기에는 당시 장군 인사 담당자였던 홍 예비역 중령의 위치를 감안한 측면도 있었던 것으로 보인다.

홍 예비역 중령은 특히 장

'제2의 전두환' 장세동

### 99년 재선거 출마 포기 전씨 '입김' 작용했을 것

세동 전 안기부장에 대해 남다른 기억을 갖고 있었다. 그는 "장씨는 이미 당시부터 '제2의 전두환'으로 불릴 정도로 카리스마와 보스 기질이 넘쳤었다"며 "언변도 뛰어났고, 행동에 있어 원칙이 분명해서 주변에서는 이미 벌써부터 전두환 후계자로 예상하기도 했다"고 전했다. 특히 참모실을 동기회 모임 장소로 쓸 때마다 밖에 있는 사람들을 위해 따로 식사 값조로 봉투를 챙겨주는 등 여러 가지 면에서 자신이 주군으로 모셨던 전씨와 상당히 흡사한 모습을 보이기도 했다는 것.

홍 예비역 중령은 지난 99년 서울 송파갑 재선거 당시의 비화 한 토막도 전했다. 당시 장씨는 6월에 실시될 예정이었던 재선거에 출마할 뜻을 잠깐 내비쳤다가 3월경에 '스스로' 접은 것으로 알려진 바 있다. 하지만 당시 장씨는 잠깐 출마를 생각했던 차원에서 벗어나 실제 송파구의 한 아파트로 이사를 가고, 사무실을 얻고, 선거대책본부장에 육사 동기인 박아무개씨를 임명하는 등 출마에 상당한 의욕을 보였다는 것.

그러던 장씨가 갑자기 출마를 포기한 것에 대해 주변에서

'불운한 인재' 김복동

### '강제 예편' 소식 전할 때 너무 부담돼 부하 시켰다

'성공한 정치군인' P

### 정보 빼내려 나에게 접근 정치 진출해 5공 실세로

는 "장씨의 출마를 포기시킬 사람은 전씨 단 한 사람뿐"이라면서 당시 대통령이던 DJ와 전씨와의 '교감'을 거론했다고 한다.

홍 예비역 중령은 "김복동씨의 사실상 강제 전역 절차를 직접 보면서 새삼 권력의 힘을 느끼기도 했다"고 털어놓았다. 장교 및 장성 인사 카드를 관리해왔던 그에게 육사11기의 최고 인재로 단연 김씨가 돋보였다는 것. 특히 전씨와 김씨 두 사람은 나란히 진급 1, 2위를 다투었던 탓에 그 경쟁의식도 굉장했다고 한다. 실질적인 정규 육사 출신의 최고를 다투는 자존심이었던 셈이다.

하지만 12·12 쿠데타 이후 두 사람의 명암은 극명하게 엇갈렸다. 전씨가 국보위 상임위원장을 맡으면서 사실상 권력을 장악했던 80년 7월, 김씨는 육사교장으로 부임했다. 이후 전씨는 8월 대장으로 승진한 뒤 곧바로 예편하고 11대 대통령에 취임했다.

신군부의 쿠데타에 반대했던 김씨의 존재는 전씨에게는 부담스런 존재였다. 특히 김씨

'낙마한 계엄사령관' 정승화

### 먼지 하나 없는 모습 유지 "겉치레" 일부 쓴소리도

는 후배 군인들의 존경도 받고 있었다.

82년 1월 어느날 갑자기 인사참모실에 김씨를 예편시키라는 지시가 떨어졌다. 홍 예비역 중령은 "당시 중장이자 육사교장으로서의 예우를 갖추기 위해 내가 직접 예편원서를 들고 찾아가야 했으나, 너무 부담스러워 부하를 시켰다. 그가 내게 전해준 말에 따르면, 당시 김씨가 옛 친구에 의해 불명예스럽게 갑자기 옷을 벗어야만 했던 인간적인 분노가 얼마나 컸던지를 가늠할 수 있었다"고 밝혔다.

당시 육본 인사참모실에서 갑작스레 예고도 없이 육사 교장실에 들이닥치는 순간, 김씨는 이미 '올 것이 왔다'는 것을 직감했던 것으로 보인다. 하지만 김씨는 원칙적인 업무수행으로 무언의 항의를 벌였다.

그는 인사참모실 관계자를 밖에 세워둔 채 자신의 집무실에서 그날 예정된 모든 업무를 다 수행했다고 한다. 진급신고, 업무보고는 물론, 외부 방문객의 인사까지 모두 받았다는 것. 그러고 나서 오후에 더 이상 그날의 업무가 없자, 그제서야 들어오게 해서는 단 한 마디 말도 없이 입을 굳게 다문 채 펜으로 꾹 눌러서 예편원서에 서명을 하고는 방을 나섰다고 한다.

12·12사태를 전후로 막강 실세의 계엄사령관에서 하루아침에 이등병으로 강등된 정승화씨를 보면서 홍 예비역 중령은 권력의 무상함도 느꼈다. 하지만 홍 중령은 계엄사령관 당시 정씨의 모습에 대해 "참 아쉬움이 많이 남는다"고 전했다.

### "권력의 무상함 느꼈다"

그는 "아침마다 정 사령관은 깨끗이 이발을 하고 옷에 먼지 하나 묻어 있지 않을 정도의 아주 깔끔한 모습으로 지휘봉을 쥐고 차에서 내렸다. 심지어 반짝 반짝 빛나는 구두에 무엇이 묻어 있을라 치면 곁에 있던 다른 장성들이 직접 이를 닦아줄 정도였다"며 "그 모습을 본 일부 장교들 중에서는 '정신없이 뛰어다녀야 할 이 위기 상황에서 계엄사령관이 너무 겉모습만 신경쓰는 것 아니냐'는 불만이 터져나오기도 했다"고 전했다.

홍 예비역 중령은 "모두 그런 것은 아니지만, 정치 군인들은 특성상 달면 삼키고 쓰면 뱉는 군인답지 못한 품성을 남은 측면도 있다"고 개탄했다. 그는 그 대표적인 인물로 육사12기 출신의 P씨를 꼽았다. P씨는 12·12 쿠데타 성공 이후 승승장구한 대표적인 인물. 특히 인사에 민감했던 그는 당시 인사참모부실을 수시로 들락거리며 약삭빠른 처신으로 유명했다고 한다. 특히 자신을 '홍 박사'라고 부르며 인사에 대한 정보를 얻기 위해 애썼다는 것. 하지만 막상 목적을 성취하면 언제 그랬느냐는 듯이 태도가 돌변했다고 한다. 당시 P씨는 이후 정치권으로 진출해서 5공 실세로 명성을 이어갔다.

홍 예비역 중령은 "당시 내가 직접 담당했던 중요한 군인사의 현장에 대한 기억을 되살려 정치 군인들이 본격적으로 등장하기 시작했던 당시의 비화를 구체적인 기록으로 남길 생각"이라는 계획을 내비치기도 했다.

강철국 기자

2004년 10월 31일 (일요일) 제650호
일요신문
정치 3
'기회'
유시민 "당권파 몰락" 예견에도
불출마 …자천타천 김두관 주목
독자후보 출마 여부 관전 포인트
'관리형 무난' 문희상 찬반 논란
인책론 불보듯
유시민 "김원웅 유력"
한명숙 김혁규도 거론
NEWSWINDOW
기획특집 신행정수도특별법 위헌판결 막전막후
헌재판결 3대 미스터리
청와대, 일주일 전에 국민투표 준비했었다
'분노의 역류' 충남 연기 민심르포
위헌 결정 이끈 보수의 '창'을 꺾어라
여권 VS 조선·동아 대전쟁 온다
국회의원 후원자를 통해 본 한국 정계 인맥지도
홍인호 비화공개 제2탄
'내가 겪은 전두환 신군부'
어른 뺨친 여중생 포주
검증된 곳에 씨를 뿌려라
고현정, 이선희와 손잡고 컴백한다
일요신문
구독신청: (02)2198-1564~5
부수인증매체
17대 국회의원 이 한장의 사진
한나라당 이혜훈 의원
연예스타 못잖은 '국감 샛별'

## 박정희 대통령 친필 수정, 사인 장군 인사

### ■ 전두환과 대한민국의 운명 바꾼 문서 2건

10 · 26 사태, 12 · 12 쿠데타, 5 · 18 광주민주화항쟁 등으로 이어지는 5공화국 탄생 과정이 새해 들어 또 다시 주목받고 있다. '광주 5 · 18재단'에서는 일부 공개된 이들 사건 검찰 수사 기록에 대해 검증 작업 중에 있고, MBC에서는 곧 드라마 〈제5공화국〉로 역사의 이면을 재조명할 예정이다.

그런 가운데 5공 탄생의 주역인 전두환 전 대통령이 1970년대 후반 권력의 핵심인 청와대 경호실 작전차장보와 보안사령관에 오르기까지의 과정에 얽힌 비화들이 최근 밝혀졌다.

비화의 핵심은 당시로서는 극히 이례적이었던 박정희 대통령의 친필 수정, 사인 인사 서류와 이세호 육군참모총장의 탄원서. 한국 현대사에 적잖은 영향을 끼친 이 두 장의 문건은 현재 역사의 뒤안길에 감춰져 있지만 당시 관련자들의 기억과 증언은 지금도 또렷하다.

결과적으로 경호실 작전차장보와 보안사령관이라는 두 요직은 전씨가 당시 격동기 한가운데서 사조직을 관리하고 권력을 장악하는 데 결정적 디딤돌로 작용했다. 한 나라의 운명이 친필 사인 한 개와 탄원서 한 장으로 일거에 뒤바뀔 수도 있음을 보여주는 당시의 비화를 〈일요신문〉이 최초 공개한다.

1976년 초 육군본부 인사참모부(인참부) 장군인사실에 청와대 결재 서류 한 장이 날아들었다. 참모부 관계자들은 깜짝 놀랄 수밖에 없었다. 박정희 대통령의 군 인사 스타일로 볼 때 어지간해서는 육군 참모총장이 올린 인사 건의안에 대해서 정정을 하지 않았기 때문. 특히 75년 2월 취임한 이세호 육참총장은 박 대통령의 육사2기 동기로서 가히 절대적인 신임을 받고 있었다.

그 한 장의 서류는 청와대 경호실 작전차장보 인사에 관한 것이었다. 인사안에서 원래의 인사 대상자인 A준장 이름위에 선명하게 두 개의 줄을 그어 그 대신 맑은 청색 잉크를 사용한 만년필로 전두환(한자이름)의 명을 쓰고 그 위에 박 대통령의 친필 사인을 하였던 것이다. 이 총장이 올린 인사 건의안 가운데 유독 경호실 작전차장보에 한해서만 박 대통령이 직접 인사안을 바꾼 것이다.

당시 전두환 준장의 보직은 1공수여단장. 5·16쿠데타 직후 최고회의의장실 민원비서관(1961년), 중앙정보부 인사과장(1963년) 등을 지내며 한때 권력 주변에 머물렀던 전씨는 이후 1970년대 들어 월남에 파병된 9사단 29연대장과 1공수 특전단장 등 6년째 '야전'에서 맴돌았다. 그러던 전씨가 누구도 예측하지 못한 '발탁인사'로 다시 권력의 최정점인 청와대에 입성했던 것.

원래 전씨에게 호감을 지녔던 것으로 알려진 박 전 대통령이었지만 당시 이 인사를 계기로 전씨는 군부 내에서 '박 대통령의 양아들'로 소문나기도 했다. 이 같은 소문이 군내 사조직인 '하나회'를 이끌던 전씨에게 또 하나의 '든든한 언덕' 구실을 했음은 물론이다. 그런데 이 보직 인사에 박 전 대통령이 직접 관여했다는 결정적 증언이 나온 셈이다.

당시 육본 인참부 장군인사실에 근무했던 홍인호 예비역 중령은 "당시 너무나도 이례적인 일이었기 때문에 당시 박 대통령의 친필 사인을 똑똑히 기억한다"고 밝혔다. 그런데 현재 이 서류의 원본은 전씨가 직접 지니고 있는 것으로 추정된다.

홍 예비역 중령은 "12 · 12쿠데타가 성공하고 전씨의 신군부가 완전히 세력을 장악하고 난 뒤 당시 보안사령관이던 전씨가 무슨 이유에서인지 그 서류의 원본을 달라고 요구해 가져갔다. 그것은 엄연한 국가 문서이기 때문에 잠시 가져갔다 다시 반환할 줄 알았는데 이후 반환하지 않았다"고 밝혔다. 개인의 운명은 물론 훗날 역사의 명암에 영향을 끼친 이 인사 문건의 원본은 현재 육본에 없는 셈이다.

그러나 홍 예비역 중령은 "사반세기가 훌쩍 지났지만 그 문건은 지금도 똑똑히 기억한다"며 필사본을 그려냈다(그는 이 같은 내용을 포함, 격동의 1980년을 전후해서 자신이 약 10년간 몸담았던 육본 인참부 장군인사실에서의 체험과 군 인사 관련 비화들을 최근 책으로 준비하고 있는 것으로 알려졌다.)

이에 대해 당시 인사건의안을 올렸던 이세호 전 육참총장은 기자와의 전화 인터뷰에서 "워낙 오래된 일이라 정확히 기억하지는 못하겠다"며 문건의 실체에 대해서는 유보적 입장을 밝혔지만 그 가능성을 뒷받침하는 증언을 했다.

그는 "장군에 대한 인사는 전적으로 내 소관이기 때문에 내가 직접 했을 것"이라며 자신이 전씨를 직접 천거한 사실이 없음을 밝혔다. 이 전 총장은 "전씨야 워낙 권력 주변에서만 맴돌던 정치군인 아니었나. 그에 비하면 A씨는 월남전참전만 5년 이상을 했고, 또 태권도도 아주 잘했던 참군인이었다"는 말로 전씨보다는 원래 인사 명단에 올랐던 A씨를 더 평가하기도 했다.

박 대통령과 막역한 친구 사이었던 이 전 총장은 당시 임기를 넘겨 1975년 2월부터 1979년 2월까지 만 4년 동안 참모총장을 맡는 등 절대적인 신임을 얻고 있었다. 그의 총장 재임기간은 역대 최장 기간으로 기록되고 있다. 이 전 총장이 올린 인사안은 단 한 번도 박 대통령에 의해 거부된 적이 없을 정도였다. 그런데 단 한 번의 예외가 전씨 임명 건이었다. 특히 훗날 전씨가 12 · 12 직후 문제의 인사 문건을 따로 챙겨 갔다는 점에서 더욱 그렇다.

당시 장군 진급과 함께 청와대에 입성한 전씨는 그 위세가 급격하게 상승했다. 청와대 재직 중이던 1977년에 소장으로 진급했고, 자신을 따르는 하나회 후배들의 청와대를 찾을 때마다 대통령과 차지철 경호실장에게 인사를 시켰다. 소위 '좌세동 우진영'으로 불릴 정도로 신군부의 핵심 후배였던 장세동 대령과 김진영 대령도 이때 청와대 경호실로 불러들였다.

전씨의 위세가 얼마나 급격히 상승했는지는 이 전 총장이 전하는 일화를 통해서도 확인할 수 있다. 이 전 총장은 "1978년인가 어느 날 차 실장이 나를 부르더니 '전두환을 내보내야겠다'고 말하더라는 것. 그래서 전두환이 1사단장으로 나가게 됐다"고 전했다. 당시 권력의 2인자로 불리던 차지철 실장도 전씨의 위세에 위협을 느꼈다는 것이다.

이 같은 사실은 전씨 역시 어느 자리에서 밝힌 자신의 회고담에서 "경호실 차장보로 있을 때 차 실장이 자기 자리를 내게 뺏길까봐 계속 신경을 쓰는 등 사이가 아주 나빴다. 그래서 내가 내보내달라고 했다."고 말한 바 있다. 당시 전씨는 1사단장으로 나가면서 후임으로 친구인 노태우 전 대통령을 불러 앉히기도 했다.

한편 이 전 총장은 기자와의 인터뷰에서 신참 소장이었던 전씨가 일약 보안사령관에 전격 임명된 데 얽힌 비화를 처음으로 공개했다.

그는 "육참총장 시절 여러 가지 문제로 당시 보안사령관이던 진종채 중장과 마찰을 빚으면서 보안사의 권력 남용과 폐단에 대한 문제점을 인식하게 됐다. 그런데 내가 총장직을 물러나자마자 보안사에서 사령관을 기존의 중장에서 대장급으로 올리려 한다는 얘기가 들리는 것이다. 그래서 내가 대통령에게 충정의 마음에서 탄원서를 올렸다. '4년간 군 수장을 맡다가 이제 야인이 되어 한 점 욕심도 없다'고 밝히고, 저간의 사정을 들며 '군 수사기관 같은 권력 기관은 계급을 오히려 지금의 중장급보다 소장급으로 낮춰야 탈이 없다'고. 당시 청와대에서 바로 쫓아와서 내 탄원서 내용을 확인하고 내 뜻을 다시 한번 확인해 갔다"고 전했다.

실제 이 전 총장의 탄원서가 있고 얼마 지나지 않아서 진사령관은 전격 경질됐다. 그리고 그 후임에 전격적으로 소장인 전씨가 임명됐다. 이때가 1979년 3월. 12·12가 일어나기 불과 9개월 전의 일이었다.

당시 전씨는 사단장으로 나간 지 불과 1년도 안된 신참 소장이었던 만큼 그의 발탁은 상당히 파격적인 인사였다. 군내부 사정에 밝은 한 관계자는 "당시 군 내에서 절대적 영향력을 가진 이 전 총장의(보안사 관련) 건의가 없었다면 박대통령이 아무리 전씨를 총애했다 하더라도 그때 바로 보안사령관에 임명할 수는 없었을 것"이라는 견해를 밝혔다.

이 전 총장 역시 이 같은 인사를 접하고는 "박 대통령이 내 충정을 받아줘서 고맙기도 하고, 또 한편으론 전 소장이 임명된 것을 염려하기도 하는 그런 심정이었다"고 밝혔다. 그는 "그 일이 있고 나서 곧바로 전 소장이 술 한병을 들고 내게 뛰어와서는 '총장님! 앞으로 잘 좀 지도해주십시오'라고 인사를 하더라"고 덧붙였다.

이 전 총장은 "어쨌든 그 후 갑자기 10 · 26이 터지면서 보안사령관이 권력의 핵심으로 떠오르고 대통령까지 되는 것을 보면서, 참 역사의 아이러니를 느꼈다. 내 충정은 그런 뜻이 아니었는데, 본의 아니게 내 탄원서가 전두환의 권력 만들기에 일조를 해버린 셈이 되고 말았다"며 씁쓸한 웃음을 지었다.

그 후 이 전 총장은 5 · 18 광주 민주화항쟁이 일어나기 바로 전날 구(舊)군부의 핵심인물로 지목되어 신군부에 의해 서빙고로 연행되는 아픔도 맛봤던 것으로 전해졌다.

—일요신문 2005년 1월 6일 기사 중에서

감명국 기자 kmg@ilyo.co.kr

대한민국 대표 주간신문
일요신문
661호 1월 20일
www.ilyo.co.kr
깃털만 우수수 … 60시간 대드라마
청와대 인사파동
몸통 구하기
▶한때 문재인 비서실장 카드 검토 … 왜 못했나 ▶이해찬 총리·김우식 실장 면책 사유는 뭔가 ▶청와대 안의정 인맥 떠오르는 사연
김좌진 장군이 강도?
발굴비화
전두환과 대한민국 운명을 바꾼 문서 2건
1 통한의 탄원서
1사단장 전씨를 보안사령관으로 불러들인 끌된 이세호 당시 육참총장의 탄원서와 그 사연
2 박정희 친필 사인
후보에도 없던 1공수여단장 전씨를 청와대 경호실로 전격 불러들인 박 대통령 사인 내막
130개 대기업 대졸초임 연봉
입체비교
이회창 실패 보고도 또 …
박근혜 비토세력 '눈덩이'
"왜 전화는 없나요"
연예인들의 이상형
아나운서 강수정
'큰칼로 작은 떡 자르려니 …'
송광수 중수부 자존심 긁는 내막

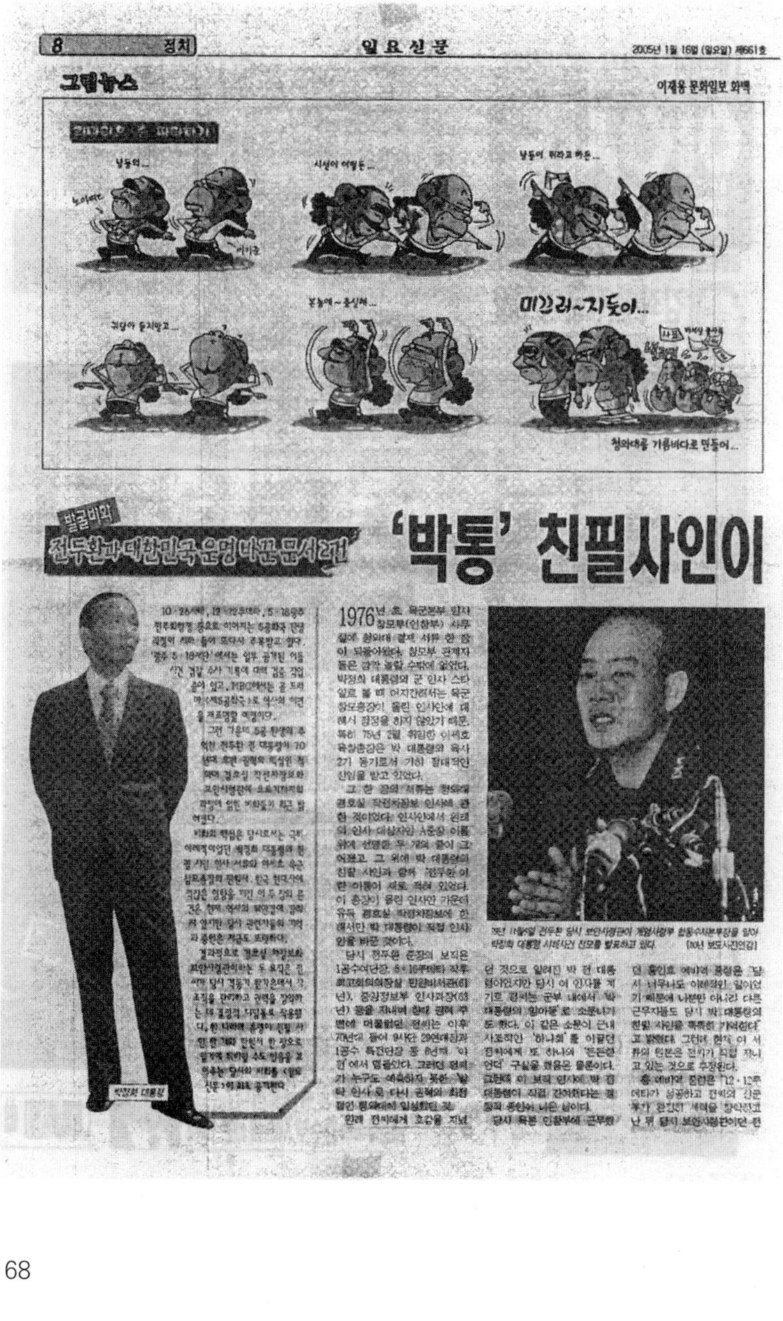

8 정치 일요신문 2005년 1월 16일 (일요일) 제661호

그림뉴스 이재용 문화일보 화백



발굴비화 전두환과 대한민국 운명 바꾼 문서 2건

# '박통' 친필사인이

10·26사태, 12·12쿠데타, 5·18광주민주화항쟁 등으로 이어지는 5공화국 탄생 과정이 새해 들어 또다시 주목받고 있다. '광주 5·18재단'에서는 일부 공개된 이들 사건 검찰 수사 기록에 대해 검증 작업 중이고, MBC에서는 곧 드라마 <제5공화국>로 역사의 이면을 재조명할 예정이다.

그런 가운데 5공 탄생의 주역인 전두환 전 대통령이 70년대 초반 권력의 핵심인 청와대 경호실 작전차장보와 보안사령관에 오르기까지의 과정에 얽힌 비화들이 최근 밝혀졌다.

비화의 핵심은 당시로서는 극히 이례적이었던 박정희 대통령의 친필 사인 인사 서류와 이세호 육군참모총장의 편린서. 한국 현대사에 지대한 영향을 끼친 이 두 장의 문건은 현재 역사의 뒤안길에 감춰져 있지만 당시 관련자들의 기억과 증언은 지금도 또렷하다.

결과적으로 경호실 차장보와 보안사령관이라는 두 요직은 전씨가 당시 격동기 한가운데서 각 조직을 관리하고 권력을 장악하는 데 결정적 디딤돌로 작용했다. 한 나라의 운명이 친필 사인 한 개와 편린서 한 장으로 일거에 뒤바뀔 수도 있음을 보여주는 당시의 비화를 <일요신문>이 최초 공개한다.

박정희 대통령

1976년 초 육군본부 당시 참모부(인참부) 사무실에 청와대 결재 서류 한 장이 되돌아왔다. 참모부 관계자들은 크게 놀랄 수밖에 없었다. 박정희 대통령의 군 인사 스타일로 볼 때 어지간해서는 육군참모총장이 올린 인사안에 대해서 결정을 하지 않았기 때문. 특히 75년 2월 취임한 이세호 육참총장은 박 대통령의 육사 2기 동기로서 가히 절대적인 신임을 받고 있었다.

그 한 장의 서류는 청와대 경호실 작전차장보 인사에 관한 것이었다. 인사안에서 원래의 인사 대상자인 A준장 이름 위에 선명한 두 개의 줄이 그어졌고, 그 위에 박 대통령의 친필 사인과 함께 '전두환'이란 이름이 새로 적혀 있었다. 이 총장이 올린 인사안 가운데 유독 경호실 작전차장보에 한해서만 박 대통령이 직접 인사안을 바꾼 것이다.

당시 전두환 준장의 보직은 1공수여단장. 5·16쿠데타 직후 최고회의의장실 민원비서관(61년), 중앙정보부 인사과장(63년) 등을 지내며 한때 권력 주변에 머물렀던 전씨는 이후 70년대 들어 9사단 29연대장과 1공수 특전단장 등 8년여 '야전'에서 맴돌았다. 그러던 전씨가 누구도 예측하지 못한 '발탁 인사'로 다시 권력의 최정점인 청와대에 입성하게 된 것.

'79년 11월 6일 전두환 당시 보안사령관이 계엄사령부 합동수사본부장을 맡아 박정희 대통령 시해사건 전모를 발표하고 있다. [80년 보도사진연감]

원래 전씨에게 호감을 지녔던 것으로 알려진 박 전 대통령이었지만 당시 이 인사를 계기로 전씨는 군부 내에서 '박 대통령의 양아들'로 소문나기도 했다. 이 같은 소문이 군내 사조직인 '하나회'를 이끌던 전씨에게 또 하나의 '든든한 언덕' 구실을 했음은 물론이다. 그만큼 이 보직 인사에 박 전 대통령이 직접 간여했다는 점은 파격 중에 파격이었다.

당시 육본 인참부에 근무했던 홍인호 예비역 준장은 "당시 너무나도 이례적인 일이었기 때문에 나뿐만 아니라 다른 근무자들도 당시 박 대통령의 친필 사인을 똑똑히 기억한다"고 밝혔다. 그러나 현재 이 서류의 원본은 전씨가 직접 지니고 있는 것으로 추정된다.

홍 예비역 준장은 "12·12쿠데타가 성공하고 전씨와 신군부가 완전히 세력을 장악하고 난 뒤 당시 보안사령관이던 전

2005년 1월 16일 (일요일) 제651호 일요신문 정치 9

## 일요칼럼

2004년 우리나라는 수출 2천5백억달러, 경상흑자 3백억 달러를 달성하며 두 단계나 뛰어올라 세계 10위의 무역대국이 되었다. 그러나 중소기업 60%가 부도 직전이고, 농업은 황폐화 상태이며 5백만 명이 넘는 소외계층은 생계 불안까지 느끼고 있다.

이렇게 양극화가 심화되는 상태에서 우리 사회는 갈등이 확산되고 있다. 진보와 보수 간의 이념갈등, 부자와 가난한 자의 빈부갈등, 경영자와 노동자의 노사갈등, 도시와 농촌 간의 도농갈등 등 다원화한 갈등구조가 날로 확산되면서 경제와 사회의 숨통을 막고 있다.

더욱 심각한 현실은 현행 경제 정책이 경제의 구조적 문제와 사회 양극화 현상을 심화시키고 있다는 것이다. 정부와 기업들은 투자를 활성화하여 경제를 살리고 일자리를 창출한다는 명분하에 지속적인 구조조정, 기업 규제완화와 기업도시 건설, 경기부양을 위한 뉴딜정책 등의 정책들을 추진하고 있다. 이런 정책은 경제성장의 원동력을 제공하고 투자여건을 제공한다는 측면에서 의의가 크다. 그러나 경제와 사회구조가 양극화되어 지속 가능한 발전이 어려운 상태에서 오히려 문제를 악화시킬 소지도 있다.

가계 대출과 카드 발행 자유화를 통해 적극적인 경기부양을 시도했던 2002년과 2003년 경제성장률은 각각 6.3%와 2.9%에 달했다. 그러나 일자리는 거꾸로 각각 3만 개와 4만개가 줄고 개인부채는 5백조원 그리고 신용불량자는 4백만 명이 발생했다.

이필상

### 사람 쓰는 기업경영

고용 없는 성장이 구조화된 상태에서 억지로 돈만 풀어서 일자리는 잃고 빚더미만 쌓이게 한 것이다. 이 과정에서 대기업과 중소기업 간의 격차 그리고 빈부 간의 격차는 되돌리기 어려울 정도로 벌어졌다.

우리 경제와 사회가 새로운 돌파구를 마련하려면 사람이 존중되고 사람이 경쟁력의 원천이 되는 기업경영의 새 패러다임 구축이 절실하다. 사람을 몰아내는 것이 아니라 사람을 교육시키고 쓰는 경제운용을 통해 국가 경쟁력을 제고하고 사회 공동체 의식을 강화해야 한다는 것이다. 이런 견지에서 근본적으로 추진해야 할 과제가 피로체제의 인력구조를 학습체제의 인력구조로 바꾸는 것이다.

현재 주 44시간 이상 근무하는 장시간 노동자가 9백만 명이 넘는다. 주 56시간 이상 일을 하는 초과근로체제의 노동자만도 2백90만 명이 넘는다. 연간 직장내 산재사고자가 9만5천 명, 산재사망자가 2천9백 명이다. 개인과 가족들의 불행은 차치하고라도, 손실금액만 12조원이나 된다.

이들 직장을 주 40시간 연 2천 시간 근무하는 정상적인 직장으로 바꾸어 나간다면 3천만 명이 넘는 직장인들의 산재가 획기적으로 주는 것은 물론 2백만 명의 새로운 일자리 창출이 가능하다. 특히 직장 내 평생학습체제를 구축하여 10% 내외의 평생학습 예비조를 제도적으로 확산해 나간다면 최소 1백만 명의 새로운 일자리가 생긴다.

한마디로 피로체제를 학습체제로 바꾸면 비용절감, 신규고용 창출, 노동자 역량강화와 지식산업기반 구축 등 1석3조의 효과를 얻을 수 있다.

물론 이 과정에는 기존 노동자들의 임금을 삭감해야 하는 걸림돌이 있다. 그러나 이는 기업, 노동자, 정부가 비용을 분담하는 형식으로 극복을 해야 할 것이다.

사람중심의 경제·사회 발전, 그리하여 고용과 성장이 함께가는 공동체를 만드는 일, 이것이 새해 우리경제의 최우선 목표가 되어야 한다.

고려대 교수

## 전두환 불러들였다

**"아, 내 탄원서"** 1사단장 전씨를 보안사령관으로 불러 들이게 만든 이세호 전 육참총장의 통한의 탄원서

**박정희 친필사인** 후보에도 없던 1공수여단장 전씨를 청와대 핵심부로 전격 불러들인 박대통령의 친필사인 내막

씨가 착할 인사참모부에 찾아왔다. 그러고는 무슨 이유에선지 그 서류의 원본을 달라고 요구해 가져갔다. 건의문 원본은 한 국가 문서이기 때문에 잠시 가져갔다 다시 반환할 줄 알았는데 이후 반환하지 않았다"고 밝혔다. 개인의 운명은 물론 훗날 역사의 방향에 영향을 끼친 이 인사 문서의 원본은 현재 유족에 있는 셈이다.

그러나 윤 예비역 중령은 "지난번 세가 흘러 지났지만 그 문서는 지금도 뚜렷이 기억한다"며 필사본을 그려냈다(그는 이 같은 내용을 포함, 격동의 80년을 전후해서 자신이 약 8년간 몸담았던 육본 인참부에서의 체험과 군 인사 관련 비화들을 최근 책으로 준비하고 있는 것으로 알려졌다).

이에 대해 당시 인사안을 올렸던 이세호 전 육참총장은 기자와의 전화 인터뷰에서 "워낙 오래된 일이라 정확히 기억하지는 못하겠다"며 문건의 실체에 대해서는 유보적 입장을 밝혔지만 그 가능성을 [illegible]는 증언을 했다.

그는 "장군에 대한 인사는 전적으로 내 소관이기 때문에 내가 직접 하는 게 이치"라며 자신이 전씨를 직접 천거한 사실이 없음을 밝혔다. 이 전 총장은 "전씨야 워낙 권력 주변에서만 맴돌던 정치 군인 아니었나. 그에 비하면 A씨는 월남전 참전만 5년 이상을 했고, 또 태권도도 아주 잘했던 참군인이었다"는 말로 전씨보다는 원래 인사안 명단에 올랐던 A씨를 더 평가하기도 했다.

박 대통령과 막역한 친구 사이였던 이 전 총장은 당시 일기를 넘겨 75년 3월부터 79년 2월까지 만 4년 동안 참모총장을 맡는 등 절대적인 신임을 얻고 있었다. 그의 총장 재임 기간은 역대 최장 기간으로 기록되고 있다. 이 전 총장이 올린 인사안은 단 한 번도 박 대통령에 의해 거부된 적이 없을 정도였다고. 그런데 단 한 번의 예외가 전씨 임명 건이었다. 특히 훗날 전씨가 12·12 직후 문제의 인사 문서를 따로 챙겨갔다는 점에서 더욱 그렇다.

당시 장군 진급과 함께 청와대에 입성한 전씨는 그 위세가 급격하게 상승했다. 청와대 재직중이던 77년에 소장으로 진급했고, 자신을 따르는 하나회 후배들이 청와대를 찾을 때마다 대통령과 차지철 경호실장에게 인사를 시켰다. 소위 '차세동 우진영'으로 불릴 정도로 신군부의 핵심 후배였던 장세동 대령과 김진영 대령도 이때 청와대 경호실로 불려들였다.

전씨의 위세가 얼마나 급격히 상승했는지는 이 전 총장이 전하는 일화를 통해서도 확인할 수 있다. 이 전 총장은 "78년인가 어느 날 차 실장이 나를 부르더니 '전두환을 내보내야겠다'고 말하더라. 그래서 전두환이 1사단장으로 나가게 됐다"고 전했다. 당시 권력의 2인자로 불리던 차지철 실장도 전씨의 위세에 위협을 느꼈다는 것이다.

이 같은 사실은 전씨 역시 어느 자리에서 밝힌 자신의 회고담에서 "경호실 차장보로 있을 때 차 실장이 자기 자리를 내게 빼앗길까봐 계속 신경을 쓰는 등 사이가 아주 나빴다. 그래서 내가 내보내달라고 했다"고 말한 바 있다. 당시 전씨는 1사단장으로 나가면서 후임으로 친구인 노태우 전 대통령을 불러 앉히기도 했다.

한편 이 전 총장은 기자와의 인터뷰에서 신참 소장이었던 전씨가 일약 보안사령관에 전격 임명된 데 얽힌 비화를 처음으로 공개했다.

그는 "육참총장 시절 여러 가지 문제로 당시 보안사령관이던 진종채 중장과 마찰을 빚으면서 보안사의 권력 남용과 폐단에 대한 문제점을 인식하게 됐다. 그런데 내가 총장직을 물러나자마자 보안사에서 사령관을 기존의 중장에서 대장급으로 올려야 한다는 얘기가 들리는 것이었다. 그래서 내가 대통령에게 충정의 마음에서 탄원서를 올렸다. '4년간 군 수장을 맡다가 이제 야인이 되어 한 점 욕심도 없다'고 밝히고, 저간의 사정을 들며 '군 수사기관 같은 권력 기관은 계급을 오히려 지금의 중장급보다 소장급으로 낮춰야 탈이 없다'고. 당시 청와대에서 바로 물어와서 내 탄원서 내용을 확인하고 내 뜻을 다시 한번 확인해 갔다"고 전했다.

실제 이 전 총장의 탄원서가 있고 얼마 지나지 않아서 진 사령관은 전격 경질됐다. 그리고 그 후임에 전격적으로 소장인 전씨가 임명됐다. 이때가 79년 3월, 12·12가 일어나기 불과 9개월 전의 일이었다.

당시 전씨는 사단장으로 나간 지 불과 1년도 안된 신참 소장이었던 만큼 그의 발탁은 상당히 파격적인 인사였다. 군 내부 사정에 밝은 한 관계자는 "당시 군 내에서 절대적 영향력을 가진 이 전 총장의 (보안사 관련) 건의가 없었다면 박 대통령이 아무리 전씨를 총애했다 하더라도 그때 바로 보안사령관에 임명할 수는 없었을 것"이라는 견해를 밝혔다.

이 전 총장 역시 이 같은 인사를 칭하고는 "박 대통령이 내 충정을 받아줘서 고맙기도 하고, 또 한편으론 전 소장이 임명된 것을 염려하기도 하고 그런 심정이었다"고 밝혔다. 그는 "그 일이 있고 나서 곧바로 전 소장이 술 한 병을 들고 내게 찾아와서는 '총장님 앞으로 잘 좀 지도해주십시오'라고 인사를 하더라"고 덧붙였다.

이 전 총장은 "그 후 갑자기 10·26이 터지면서 보안사령관이 권력의 핵심으로 떠오르고, 대통령까지 되는 것을 보면서, 참 역사의 아이러니를 느꼈다. 내 충정은 그런 뜻이 아니었는데, 뜻이 아니게 내 탄원서가 전두환의 권력 만들기에 일조를 해버린 셈이 되고 말았다"며 씁쓸한 웃음을 지었다.

그 후 이 전 총장은 5·18 광주민주화운동이 일어나기 바로 전날 구(舊)군부의 핵심인물로 지목되어 신군부에 의해 서빙고로 연행되는 아픔도 맛봤던 것으로 전해졌다.

김명국 기자

2005년 1월 16일 (일요일) 제661호

일요신문

정치 3

# 우수수…

김우식 정찬용 사의 표명에
DJ-박지원 체제 염두 두고
문재인 비서실장 카드 검토
갑작스런 개편 부담돼 포기

야당 용단폭격 견딜 수 없을 듯

NEWSWINDOW

박근혜 '비토세력' 눈덩이

1 통한의 탄원서
2 박정희 친필 사인

김좌진 장군이 강도?

송광수 총장, 종수부 굶는 내막

130개 대기업 대졸초임 비교

강수정
나 좋다던 연예인 왜 전화 없나요?

'놀부도 울고갈' 악질체납자 5인

이완견은 알고 있다

잉글랜드 '골폭풍' 설기현

일요신문

구독신청: (02)2198-1584~5

부수인증회원

# 안희정 '불쑥'

대표적 호남인맥 정찬용 낙마 동시에 '영남파' 부활 오버랩
김우식 실장 중심 연세대 인맥 약화…안희정 미묘한 움직임

## 5 · 18 장군 인사(지휘관 교체 관련 비화)

광주 사태! 초기에는 다른 지역에서도 흔히 볼 수 있는 시위정도로 알았는데 차츰 난폭한 양상을 보였고 공수특전부대와 보병전투사단 등 군이 투입되면서 폭동으로 사태가 더 악화되는 양상으로 발전해 가는 모습들을 보면서 매우 심각하게 여겼다.

내가 개인적으로 혹시 북쪽의 공작에 의해 불순분자들이 침투잠입, 선동에 의한 폭동이 아닌가? 라는 의문을 가지고 있었다.

그렇지 않고서야 어디 국군의 무기, 탄약고를 부수고 무기탄약을 탈취해 갈 수가 있겠나 하는 생각에서 국군에 대항하면 적군이 아닌가?

그러나 그 사태가 발생한 배경과 원인에 대해서는 미처 알기 이전의 생각이었다. 당시 지역책임인 전투병과교육사령관은 육사 8기인 윤흥정 중장으로 이북 출신이었다. 또한 그 지역의 31사단장은 정웅 소장으로 전남순천 출신이었다. 당시 육군본부에서는 이들 두 지휘관의 역할에 대해 논란이 일고 있었다. 특히 해 지역 사단장의 행보가 미온적으로 비춰지면서 결국 이 두 지휘관을 전격 해임하고, 전투병과교육사령관에는 그 지역 출신을 고려하던 가운데 전남 구례 출신인 소준열 장군(육본작전참모부 차장)을 택하였다. 바로 중장으로 승진시키면서 급히 그를 광주 현지로 내려보냈다. 31사단장에는 서울출신 종합 24기 이인기 장군을 소장 승진과 동시 보직했다. 사태진압의 특수임무를 띄고 임지에 도착한 소준열 장군은 현지에 부임, 상황청취를 하고 바로 광주 시내 시위군중들 속에 도보로 파고들어가는 대담성을 보였고, 현지인들을 설득하면서 사태의 진정을 위해 대단한 역할을 하고 있었다고 한다.

당시의 광주사태 상황으로는 군복차림의 군인이 군중 속에 끼어들어 간다는 것이 매우 위험한 일로 상상도 못할 일이었다. 감히 생각할 수 없는 상황이었다고 본다. 그렇게 볼 때 소준열 장군의 용기는 역시 대단한 것이었다. 그 후 당시의 역할을 인정받아 훗날 4성장군이 되어 제1야전군을 지휘하는 위치까지 올라가 임기말로 전역하였다.

소준열 장군은 육사 10기로 미남형에 지적(知的)이고도 덕장이었다. 그런데 지금은 지병으로 그 황량했던 역사의 뒤안길로 살아져 이미 저 세상 사람이 되었다. 그리고 지금은 말이 없다.

## 5 · 18 투입 대대장들의 진급 특혜

### ■100% 대령 오르고 59% 별 달아

군이 안팎으로 어수선하다. 최근 장성급 진급인사 비리투서 파문으로 계룡대가 몸살을 앓고 있는 가운데, 군 역사의 오점으로 남아 있는 5 · 18 광주 민주화항쟁의 진상 규명을 요구하는 목소리도 갈수록 높아지고 있다. '5 · 18의 진실'에 접근하는 키 중 하나로 거론되는 것은 이 사건에 대한 YS정부 당시의 검찰 수사 기록.

그러나 얼마 전 검찰은 그간 '공개' 여부로 논란을 빚던 12 · 12 및 5 · 18 수사 기록 가운데 75%에 해당하는 대부분의 자료를 국가안보와 국방기밀을 이유로 공개하지 않기로 방침을 정했다. 그런데 검찰 주변에선 이 과정에서 국방부측의 의견이 강하게 반영된 것으로 알려지고 있다.

특히 개인 사생활 보호 차원에서 대대장급 이하 지휘관들의 명단은 공개하지 않기로 방침이 정해진 상태. 하지만 당시 '진압군'으로 광주에 투입되었던 대대장들이 이후 엄청난 진급 특혜를 누렸다는 구체적 증언이 여기저기서 불거지고 있어 또 한 차례 파문이 예상된다.

그동안 정치권과 군 주변에서는 1980년 당시 '광주 진압군'으로 투입된 특전사(3 · 7 · 11여단) 및 20사단의 지휘관들이 이후 진급에서 상당한 특혜를 받았으리라는 의혹이 여러 차례 제기된 바 있다. 실제 1980년대 전반기, 당시 육군본부 인사참모부에서 근무했던 예비역 중령 출신의 H씨는 이 같은 의혹이 상당부분 진실이라는 증언을 했다.

그는 "85년 대령 진급후보자를 대상으로 한 대령선발 심사가 거의 막바지에 이른 때였다. 갑자기 인사참모부 간부인 P대령이 어디인가로부터 지시를 받고 오더니 막판에 세 명의 중령 이름을 손바닥만한 메모지에 휘갈기듯이 적어서 황급히 인사참모부장실로 가지고 들어갔다. 워낙 순식간이었지만 상당히 이례적인 일이어서 당시 세 명의 이름을 또렷이 기억한다. 김아무개 중령 등 모두 '광주사태' 당시 특전사 대대장으로 현장에 투입된 장교들이었다"고 밝혔다.

실제 기자가 확인한 결과, H씨가 증언한 당시 세 명의 중령들은 모두 85년 대령으로 진급한 것으로 밝혀졌다.

이들 가운데 장성 진급자도 무려 10명에 이르렀다. 59%에 달하는 수치다. H씨는 "가장 진급이 잘 된다는 육사 출신도 당시 대령 진급이 40%, 장성은 12% 정도에 불과했다. 특히 당시 광주 투입 대대장 17명 가운데엔 갑종 등 비육사 출신이 9명이나 포함돼 있었다. 비육사 출신의 진급률은 육사 출신의 절반에도 훨씬 못

미친다. 그런 점만 봐도 진압군 출신 지휘관들의 진급률은 대단한 특혜가 아닐 수 없다"고 밝혔다.

그는 "흔히 진급 심사를 좌우하는 3대 핵심 보직으로 육군참모총장(대장) 육본인사참모부장(소장) 인사관리처장(준장)이 꼽힌다. 이들이 서로 의기투합되면 진급은 떼어놓은 당상이다. 그런 면에서 1980년 광주항쟁 당시 특전사령관을 지낸 정호용씨가 참모총장을, 20사단장을 지낸 박준병씨가 보안사령관에 재임중이었다는 점만 봐도 광주 진압군 출신들이 상당한 특혜를 누렸으리라는 것은 충분히 상상이 가는 일"이라고 말했다.

이 같은 기류는 YS정부 시절 검찰 조사에서도 어느 정도 드러나기도 했다. 당시 특전사 대대장이었던 C씨는 "5·18 광주 사태 당시 광주에 투입되었던 공수부대 3개 여단의 (비육사 출신) 각 대대장 한 명씩을 장군으로 진급시켜 주었는데, 11공수의 A대대장은 선임 대대장임에도 불구하고 진급을 못하고 대령으로 예편했다. 우리들 사이에서는 그가 1980년 광주사태 당시 상급기관에 철수 건의를 한 것이 윗 선에서 '괘씸죄'에 걸린 때문으로 보인다"고 진술하기도 했다. 실제 비육사 출신 가운데 3공수의 L중령, 7공수의 K중령은 장성 진급을 했던 것으로 밝혀졌다.

당시 국방부는 "이들이 장성으로 진급해 군요직에 오른 것은 능력에 의해 승진한 것이지 광주 진압에 참여했다고 해서 특혜를 받은 것은 아니다"라고 해명한 바 있다. 5·18 당시 대대장을 지냈던 B씨는 "군의 특수성을 조금만 아는 사람이라면, 당시 광주에 투입되었다는 것만으로 우리가 비난받을 수는 없다는 것을 알 것"이라며 지휘체계상 어쩔 수 없는 일이었음을 강조했다.

하지만 이에 대한 반론도 만만치 않다. 설사 군 지휘계통에 따랐다 하더라도 진압현장을 직접 지휘한 대대장의 권한으로 무자비하게 유혈 진압을 한 책임은 반드시 져야 한다는 것. 당시 광주 진압의 공로를 인정받아 화랑무공훈장 등 훈장 및 표창을 받은 대대장은 특전사 소속의 K중령 등 모두 5명에 이른다.

'12 · 12 및 5 · 18 수사기록 검증위원회'의 정동년 위원장은 이와 관련해 "최초 발포 명령자, 헬기 기총 사격 등 아직 풀리지 않은 광주 항쟁 당시의 진상 규명을 위해서는 당시 현장 지휘관인 대대장 이하 지휘관들의 증언과 지휘관회의 기록 및 전투상보, 상황일지 등을 공개해야 함에도 검찰이 국방부의 의견을 모두 반영해서 이를 전적으로 봉쇄한 것은 납득키 어렵다"고 목소리를 높였다.

—일요신문 2004년 12월 5일 기사 중에서

김명국 기자 kmg@ilyo.co.kr

대한민국 대표 주간신문

일요신문

655호 12월 9일 www.ilyo.co.kr

"유효일 국방차관은 5·18광주 대대장"

92년 '5·18 무혐의 결정' 주임검사였던 김승규 법무장관과 함께 논총받는 까닭

5·18투입 대대장들 진급특혜 진상

김남일

2002월드컵 후 첫 단독인터뷰

"그날 이후 난 도망자였다"

군 인사비리 파문…배후가 드러난다

'숨은 손'의 정체

참여정부의 계획된 개혁작업인가 아니면 소문대로 인사청탁 거절당한 여권 핵심인사의 화풀이성 손보기인가… 각종 소문의 주인공들 실체 추적

DJ, 우-민 합당 제안 내막

김근태계 당권 저지 「노-정 연합군」 뜬다

거실엔 박대통령 동예와 그림, 손님방엔 육여사 인문도 자수

빗장 푼 박근혜 자택

사상최대 떼강도 사건

물에 빤 속옷의 비밀

이장수 감독 사퇴 압력 더티플레이 누가 하고있나

2004년 12월 5일 (일요일) 제655호 일요신문 사회 15

## 김승규 국정원장 유흥수 국정원차장 '전력' 구설수

# 유차관은 5·18때 진압군 대대장 출신

## 92년 '무혐의' 때 김 장관이 주임검사

# 100% 대령 오르고 59% 별 달아

## 5·18 투입 대대장들 진급특혜 단독확인

## 당시 육사 출신도 대령 진급 40% 장성은 12% 불과
## 진급심사 요직에 정호용 박준병 등 진압군핵심 포진
## "능력 따른 승진" "광주 투입도 명령 따랐던 것" 반박

# 쥐구멍에도 볕 들날이 있다

■ 낙엽이 우수수…(지는 별/뜨는 별 : 花無十日紅 權不十年)

1977년 5월 23일 장군인사실에 부임하고 업무를 파악하는 가운데 장기보직자를 우선 발췌해 보았다. 두달 후면 7월, 정기 인사가 있기 때문에 대비하는 마음으로 너무나 당연한 일이었다.

우선 눈에 띄는 사람이 있었다. 어느 군단에 부군단장으로 3년간이나 머물고 있는 사람이…… 군단이나 사단 등 부지휘관의 보직기간은 그리 길지 않은 게 통상적인 예이다. 그런데 육사10기인 김윤호 장군은 2성계급장을 달고 어떤 연유에서인지 부군단장직에 3년 간이나 머물러 있던 것이다. 곧 돌아오는 정기 인사 때 반드시 풀어줘야 한다는 생각에서 인사대상에 올려놓았다.

얼마 후로 다가오는 인사를 앞두고 당시 인사참모부장 곽영배 장군과 함께 검토하는 과정에서 김장군의 이름이 나타나는 순간 부장이 우려스런 말을 꺼낸다. 이 사람의 이름만 보면 참모총장 이세호 대장이 짜증을 내는데 총장 앞에 내놓을 수가 있나! 라는 것이다.

부장님! 그러면 김장군을 남은 정년이 다 찰 때까지 그 자리에 그대로 둘 겁니까? 라고 물었다. 어떻든 총장이 있는 한 그 이름을 내놓을 수가 없다. 라고 말했다. 하는 수 없이 이번 인사에도 빠져야 하는 판이니 실무자 입장에서 마음이 답답하고 김장군에 대한 죄를 짓는 느낌이었다.

그후로부터 나는 정기인사건 수시인사건간에 가리지 않고 부장이 짜증을 내던 말던 상관하지 않고 김장군을 늘 올려놓았다. 총장을 설득해서라도 풀어줘야지 이럴수는 없는 것 아닙니까? 부장님! 그래도 막무가내다.

세월이 흘러 어느날 돌발사태가 일어났다. 1979년 12 · 12사태가 온 것이다. 주도하는 쪽에서는 완고한 미국의 설득이 절대 필요로 한 바로 그때 군내부에서 영어자원의 주가가 폭등세로 이어지면서 부지휘관의 굴레를 벗어 일약 출세의 길로 접어든 것이다. 부씨(副氏)자리에서 신물나도록 썩다가 일약 군단장으로 진출하면서 3성장군이 되었고, 1야전군사령관으로 더높이 진출하면서 군의 최고계급인 4성장군으로 올라선 것이다. 군사령관 자리에서 다시 우리 군의 서열 1번 자리인 합참의장으로까지 대 영전한 것이다. 인생에 있어 역전도 이만저만한 역전이 아닌 것이다. 시대가 바뀌는 과정에서 그간 어깨에 힘주고 거들먹거리던 수많은 별들이 낙엽이 우수수 떨어지듯 살아져가고, 음지에 있던 별들이 제철을 만나 뜨는 형상을 보면서 인사관련 철야작업을 하는 고통을 잊기 위해 조상들이 즐겨 부르며 전해 내려온 가락 '화무는 십일홍이요 달도 차면 기우나니' '쥐구멍에도 볕들날이'…등 고달픈 인사작업을 하면서 혼자 깊은 밤에 몇 번이고 반복하면서 실감나게

흥얼거렸다. 인간사에 있어서 현 위치가 좋다고 오만하지 말고 지금 고전한다고 낙담하지 말라는 그 뜻을 실감나게 그 광경을 보고 느끼며 많은 인생공부를 하였다.

지금 처지가 좋다고 앞날에도 항상 좋을 거라고 누가 단언할 것인가? 또한 지금 처지가 나쁘다고 희망이 없는 것은 절대 아니라는 것도 한 교훈이 되었다. 인간은 누구나 앞에서 본 김장군의 경우처럼 각자 나름대로의 물론 능력도 중요하지만 주어지는 기회와 운이 반드시 따른다는 기대감 속에 늘 희망을 잃지 말고 열심히 사노라면 반드시 좋은 일 있을거라고 믿는다.

여기에 더하면 권불십년(權不十年)을 들지 않을 수 없다. 권력이나 명예, 가지고 있는 돈 그리고 건강까지도 영원히 그 자리에 머물러 있을 거라고 누가 장담하겠는가? 돈도 권력도 건강도 길어봐야 10년이면 다 날아가고 또 지금 없는 사람 손으로 모두 들어올 수도 있지 않을까 싶어 우리 다 함께 이 말의 뜻을 조용히 음미해 보자.

## 김재규 군사재판관 임명관련 비화

육본 법무감실 군사법원에서 재판관을 임명해 달라는 요청이 왔다. 소장급 장성 중에서 한 사람을 뽑아 내세우기 위해 나름대로 우선 인선기준을 설정하였다. 지연, 학연(초등교부터 대학원까지), 군복무기간 중의 인연, 혈연 등의 관계를 가진 사람을 제외시키는 것으로 했다. 소장급 인사자력표 전체를 샅샅이 검색하면서 적임자를 찾는 것도 여간 힘든 게 아니었다.

5사단 연대 인사주임요원으로 나를 전입 요청해 그 자리에 앉혀준 당시 사단장이었던 구득현 장군이 사단장을 마치고 육본 군수참모부차장으로 와 있을 때다. 나는 역사의 장으로 얼굴을 내세워 드리기 위해 그분 구장군을 찍었다.

그런데 구장군이 자신의 방으로 나를 불러서 갔더니 제발 자신을 제외시켜 달라고 통사정을 하는 것이다. 나는 얼굴도 내세울 겸 한번 하십시오. 라고 권했으나 막무가내다. 하는 수 없이 ○○○ 장군으로 대체하여 임명한 일이 있다. 지금으로부터 2~3년 전 구장군은 고인이 되셨다. 대전 국립현충원에 안장했는데 사십구제에도 내가 참석했었다.

■ 박정희 대통령 각하의 친필로 수정, 서명한 장군인사! 그 내용이 어떤 것인가?

육군본부 인사참모부 장군인사실에 부임하여 업무를 파악하는 과정에서 서류철을 뒤적이다가 아주 특별한 문건을 발견하였다.

다름아닌 참모총장 이세호 대장이 장군인사 건의 안을 들고 청와대로 가서 박정희 대통령의 윤허를 받는 과정에서 뜻밖에도 대통령각하께서 그 내용에 들어있는 한 사람의 명단에 청색잉크를 사용한 만년필로 두 줄을 똑바르게 그어 삭제하고 대신 전두환(한자명)의 명을 써넣어 수정, 서명한 문건을 주의 깊게 보고 소중하게 보관, 관리를 하고 있었다. 그런데 그 후 2년 6개월의 세월이 흘러 12 · 12사태가 발생한 직후 전두환 보안사령관이 그 문건이 있다는 것을 미리 알고 있었나 나에게 찾아달라는 요청을 해왔다.

육군본부에 나와있는 보안부대 인사팀의 박술이 준위편에 그 문건을 보냈다. 마침 그 문건이 생산된지 3년 세월이 흘렀지만 내가 미리 발견해서 눈여겨보았고 관리도 잘하고 있던 터라 바로 찾아 꺼내어 주었는데 그 문건은 영영 내 손에 돌아오지 않았다.

박정희 대통령이 서명한 문건이기 때문에 복사해 놓고라도 원문은 돌려줬어야 했다. 그런데 전두환 전대통령 개인이 소장하고 있는 것으로 알고 있다.

그 문건의 형태를 예시한다.

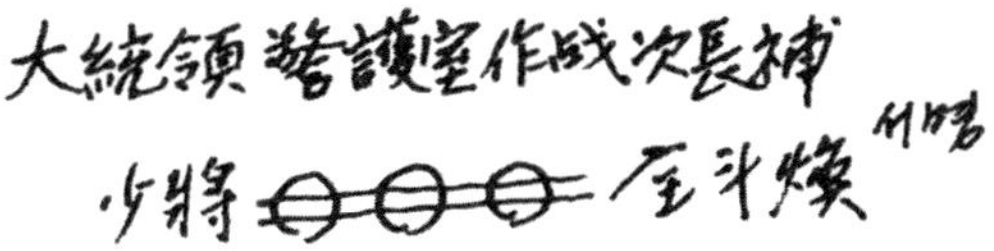

※맑은 청색잉크를 사용한 만년필로 두줄을 그어 한문자로 수정, 서명하였다. 이는 박정희 대통령이 전두환 사령관을 총애(寵愛)하는 근거가 되는 대목이다. 박정희 최고회의의장시절 당시 전두환 대위는 의장실에서 민원비서관을 지냈다.

1977년 5월 이후 거의 10년간 그 자리에 내가 근무하는 동안에 참모총장이 들고간 장군인사 건의안이 대통령으로부터 수정되어 나온 일이 단 한번도 없었으니 그만큼 특이한 예라고 할 수 있다.

## ■ 장군인사 건의안(양식)에 얽힌 사연

### 정승화 참모총장의 충성심!

내가 육군본부 인사참모부 장군인사실에 부임 당시에는 이세호 대장이 참모총장이었다. 박정희 대통령의 윤허를 받기위해 장군인사건의안을 작성할 때는 일정한 양식이 없이 참모총장이 일반용지에 메모형식으로 직-직- 써가지고 가서 서명을 받았었다. 그러나 1야전군사령관을 마치고 참모총장에 취임한 정승화 대장은 일반적이면서도 섬세한 면을 보였다. 바로 '장군인사건의안'에 관한 일정양식을 직접고안해 준 것을 내가 육본인쇄소에가서 서둘러 인쇄하고 사용할 준비를 하였는데 이는 대통령에 대한 최상의 예의라기보다도 충성심을 보인 대목이라 하겠다. 그러나 10·26의 발생으로 인해 이 양식은 박정희 대통령 각하에게는 한번도 사용하지 못하고 5공 정권이 들어서면서 전두환 대통령부터 사용하기 시작하여 현재까지 전해 내려오고 있다.

※그 양식의 견본을 다음과 같이 소개한다. (안에 들어 있는 인사내용은 그때 내가 쓴 것임.)

# 陸軍本部

| 大統領 |
| --- |
| |

| 國防部長官 | |
| --- | --- |

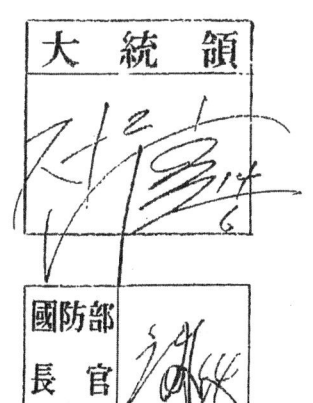

## 將官級將校人事建議案

| 新補職 | 階級 | 姓名 | 現職 |
| --- | --- | --- | --- |
| 予編 | 大將進級 | 朴俊炳 | 保安司令官 |
| 教育司令官 | 中將 | 金應烈 | 2軍團長 |
| 保安司令官 | 〃 | 安弼濬 | 6軍團長 |
| 2軍團長 | 中將進級 | 張基梧 | 特機團長 |
| 6軍團長 | 〃 | 朴明喆 | 人事參謀副長 |
| 特機團長 | 〃 | 崔雄 | 特戰司令官 |

| 新補職 | 階級 | 姓名 | 現職 |
| --- | --- | --- | --- |
| | 中將進級 | 李鍾九 | 首防司令官 |
| 特戰司令官 | 少將 | 陸完植 | 首機師団長 |
| 通信監 | 少將進級 | 黃鶴喆 | 通信学校長 |
| 師団長 | 〃 | 鄭仁均 | 陸本<br>教育訓練處長 |
| 〃 | 〃 | 宋膺燮 | 國防部<br>投資事業調整官 |
| 〃 | 〃 | 朴耆淳 | 陸本<br>戰略企劃處長 |
| 〃 | 〃 | 崔興傑 | 2軍情報處長 |
| 〃 | 〃 | 林寅造 | 保安司1處長 |
| 〃 | 〃 | 金振永 | 3軍作戰處長 |

陸軍參謀總長

陸軍大將 鄭鎬溶

## ■ 박○○장군의 어깨에 별셋! 가능한가?

당시 국방부장관은 윤성민(육사9기), 육군참모총장은 대장 황영시(육사10기)로 선후배간이다. 육사 11기 이후 정규육사출신 장교들은 선후배관념이 뚜렷하고 엄격한데 비해, 육사1기에서 10기까지의 소위 구시대 육사출신 장교들은 상대적으로 선후배관념은 물론 있지만 철통같은 연대의식에서 다소 부족한 감이 있지 않나 싶은 느낌이다. 어느날 참모총장의 특별한 지시가 떨어졌다.

내용인 즉, 국방부장관이 국방부 당시 군수 차관보로 있는 박춘식장군(육사11기)을 중장으로 승진시킨다는 의지를 가지고 육군참모총장에게 협의를 한 것 같다.

장군인사 실무장교인 내가 생각하기에는 시기적으로도 그렇고 당사자인 박장군의 현재 위치도 그렇고 어딘가 승진을 논할 상황이 아니라고 보았지만, 아무튼 총장의 검토지시가 내려졌으니 그냥 넘길 수는 없는 일로 손에 하얀 면장갑을 끼고 창군이래 수많은 예비역/현역장성들의 자력을 다 들추며 그 사례를 찾아보는데도 여간 쉬운일은 아니었다.

그런데 중요한 결정적인 단서를 발견한 것이다. 대한민국 육군의 중장급 장군중에 사단장을 미필한 장군이 3성장군으로 진출한 예가 없었다. 단 한사람, 그는 국방부직할 특수부대장으로 옛날 당시 상황으로는 특수한 예로 그 예를 따를 수는 없는 상황이었다.

마침내 나는 승진불가 쪽으로 가닥을 잡고 총장에게 올릴 보고서를 작성하여 승진불가 건의를 하였다. 참모총장이 실무자의 정당한 의견을 받아들여 그대로 국방부 장관에게 보고 하므로써 박 장군의 승진시도는 물거품이 되어 버렸다.

우리는 국가적으로나 사회적으로나 어떠한 조직이든간에 위에서 내려치면 아래에서는 무조건 되는 쪽으로 결론부터 내어놓고, 본론을 끼워맞춰 나가는 풍토는 반드시 고쳐져야 한다고 본다. 이러한 관행, 이러한 의식변화가 없는 한 개혁은 말로 그칠 수밖에 없다. 따라서 국가발전도 기대할 수 없다.

이를 실천하기 위해서는 자리에 연연하지 말고 당장 쫓겨나는 일이 있더라도 국가나 사회의 어떤 공익을 위해서라면 우선 용기가 있어야 한다고 본다.

앞의 예를 보자! 장관, 총장이 하려는 부당한 일을 중령급 실무자가 막아낸 좋은 '예'인 것이다. 이 대목은 눈여겨볼 일이다.

## 어느 3성장군의 고민과 갈등

최명재장군은 육사8기, 주로 군수통으로 알려진 덕장! 3성장군으로 국방조달본부장에 재임 중이었다. 어느날 보좌관 양소령을 통해 나의 방문을 요청해 왔다. 바쁜 시간을 쪼개어 최장군의 집무실을 잠시 방문하였다.

앉자마자 홍중령! 예… 판초우의 말일세, 품질검사 당시에는 모두들 좋다고 환영해 놓고 전군에 이미 보급된 마당에 이제와서 품질을 놓고 논란이 일고 있으니 어떻게 하면 좋겠는가? 아직도 임기가 6개월이나 남았는데…….

내가 보기에는 심각한 상황인식으로 아마도 진퇴양란에 부딪혀 심한 갈등을 느끼고 있는 것 같았다.

본부장님! 이런 마당에 6개월 남은 임기에 미련을 두고 연연하시다 보면 체면이 안섭니다. 차라리 이번 기회에 깨끗하게 감독의 부실을 책임지고 퇴임을 하시는게 사후 이미지 관리에도 도움이 되면 되었지 손해보는 일은 결코 없을 겁니다. 라고 내가 단호하게 진언하였다.

"그래?"

하고, 한순간 침묵하시더니…

“홍중령!”

“예.”

“홍중령 말이 옳은 것 같아. 전역하겠네!”

“예, 잘 생각하셨습니다.”

그래서 다음날 내가 재차 방문하여 전역원서를 받고 돌아와 예편절차를 밟았던 일이 있다. 그이는 원래가 인품이 훌륭하셨고 그렇다고 판초우의를 둘러싸고 어떤 의혹이 있는게 아니었던 것으로 알고 있다. 또한 정의에 어긋나는 일을 하실 분도 아니다.

그가 예편 후 당분간 휴식기간을 가지고 있다가 오늘날 자산관리공사의 모체였던 성업공사 사장으로 발탁되어 상당기간 공기업 발전에 기여했던 분이다.

이렇게 장군들은 단순하고 정직하며 자기관리에도 철저한 면을 엿볼 수 있는 대목이다.

# 군 수뇌부의 인사 현장 공개

## ■ 어느 일요일의 비상소집!

오늘은 일요일. 여느 때나 다름없이 아내와 함께 배낭을 매고 의정부 호원동 근처에 있는 수락산을 찾았다. 산 중턱에 이르면 바위사이로 맑은 물이 흘러내린다. 곱게 물든 단풍잎이 떨어져 뒤덮인 평평한 바위돌 위에 자리를 펴고 앉아 밥을 짓고 찬을 끓여 진수성찬 점심을 때우고 그 맑은 공기 마시며 늘어지도록 한숨 잠을 잤다.

시린 느낌을 가질 정도로 찬물에 발을 담그고 앉아 둘이서 오손도손 많은 이야기를 나누다가 오후 4시경 하산하기 시작하여 이태원 군인아파트에 도착한 시간은 6시가 거의 될 무렵이었다.

욕실에서 찬물로 머리를 감고 있는데 전화벨이 울렸다. 대충 물을 닦고 전화를 받았는데 육군본부 인사참모부 일직사관 근무중인 김광식 중령이었다. 김중령은 나와 같은 장교임관 동기생이다. 그가 말했다. 인사참모부장 안필준 장군의 지시라면서 저녁 8시까지 육본 사무실로 나와 있으라는 것이다.

복장은 편한 점퍼스타일로 나갈 생각으로 집을 나서는 순간, 예감이 이상해서 일요일이지만 장교정복차림으로 머리는 흐트러진 채 나와서 대기하고 있는데 부장님이 얼마 후 나오시더니 나를 부른다.

"예, 저 여기 있습니다."

부장님이 집무테이블에 앉아마자,

"홍중령! 참모총장이 공관으로 인사할 준비를 갖추고 8시반까지 오라는데 그 짧은 시간에 준비가 되겠나?"

라고 말을 하면서도 다소 긴장한 모습이다.

"예, 할수 있습니다. 언제 어디서든 장군인사가 이루어질 수 있도록 항상 대비해 놓고 있습니다."

이때 부장님이 의아한 눈으로 나를 쳐다본다. 아마도 믿기지가 않으신 모양이다. 그러면서도

그럼 가져와 봐! 라기에 바로 장군인사실에 와서 나의 전용 캐비닛을 열고 바인더를 꺼내어 1~2분안에 민첩하게 부장님께 가지고 갔다. 하나하나 펼쳐 보이면서 이것은 이때, 이것은 이렇게 등 자세히 사용할 작업 단계별로 설명을 드렸다. 그제서야 부장님이 안도하는 모습이었다.

가자! 출발하자!! 부장님이 서류가방을 챙기면서 홍중령! 자네 그 바인더도 내 가방에 넣자고 해서 드리고, 그 가방은 내가 들고 육군본부 본청 현관에 대기중인 부장님 세단 앞좌석(부관석)에 내가 앉고 뒷좌석에 부장님이 앉은 차가 출발하여 작전참모부 건물 앞을 막 지날 무렵, 부장님이 묻는다.

"홍중령! 예… 중령진급을 언제 했지?"

순간 나는 갑작스런 질문을 받고 대답을 하려니 이 멍청이가 진급연도가 얼른 생각이 안나서 그런대로 재치있게 예, 이제야 진급한지 겨우 2년이 되었습니다. 라고 대답했다. 아마도 불시에 총장공관으로 소집되어 가서 인사작업을 하는데, 평소에 대비를 잘 해 놓았던게 마음에 들어 애정어린 표현을 해주신 것으로 알고 있었다. 한편으로는 대령진급 시킬 생각까지 하신게 아니었나 싶다. 하지만 나는 진급해당기가 아니었다.

우리가 탄 승용차는 이태원을 지나 한남동쪽으로 막 돌아갈 무렵, 오늘 권기대 대령을 수배했으나 연락이 닿지 않아 걱정하던 터에 마침 홍중령이 연락이 되어 이렇게 나와 줬으니 얼마나 다행스러운지 모르겠어. 그런데 지난번 소준열 장군을 대장진급 시킬 때 작성한 대통령 윤허 문서는 누가 쓴 글씨인가? 라기에 예, 글쓰는 사람 찾아 다니다 보면 타이밍도 놓치고 인사기밀 보호에도 취약하기 때문에 제가 직접 글을 써서 만들었습니다.

홍중령, 글도 잘쓰는구나! 라는 말과 함께 장군인사실장직을 정원상 대령을 삭감하자고 하면서 홍중령이 잘하고 있는데 문제가 없잖아? 그 이후부터 장군인사실장에 운영하던 대령정원을 삭감해 버렸다. 이제 막 총장공관에 도착하였다. 부장님과 나는 응접실 소파에 나란히 앉아 있는데 2층에서 빙… 돌아내려 오는 형태의 계단을 참모총장이 반소매 난방셔츠에 슬리퍼를 끌고 오른 손에는 돋보기 안경을 들고 내려와 자리에 앉았다. 총장이 말하기를 지금 시내 모처에서 3군사령관 정호용 장군과 보안사령관 박준병 장군이 주영복 국방부장관 송별식사를 하고 있는데 이리 오라고 했으니 올거야. 오면 이리로 안내 해 라고 말을 하고는 박희양 장군 임기가 언제지? 하고 인사참모부장 안필준 장군에게 묻는다. 부장이 부임한지 며칠 안 된 시점에다 장군인사도 처음이다. 인사운영감에서 부장으로 옮겨왔지만 장군인사 절차 등은 생소한 업무이고 총장의 물음에 답할 수 없음이 뻔하기 때문에 내가 얼른 부장님과 시선을 맞추고 교감을 가진 뒤 총장의 물음에 내가 답했다.

"예… 1981년 1월 31일입니다."

총장이 장군서열 명부를 뒤져 넘기며 한참동안 확인을 했다.

"음, 맞네!"

이때 부장님이 또 나의 눈을 쳐다보며 안도하는 모습이다.

그런 사이에 정문에서 차량 불빛과 함께 초병의 "충성!" 구호 소리가 들린다. 부장이 현관으로 나갔다 들어오면서 수석부관 최부웅대령 이었습니다. 라고 말했다.

잠시 후 불빛과 함께 초병의 "충성!" 구호가 또 들린다. 부장이 이번에는 내가 가서 안내해 오라고 하기에 현관에 나가서 있는데 정호용 장군과 박준병 장군이 들어온다. 당시 보안사령관 박준병 장군이 나를 보더니

"홍중령 왠일이야?"

"부장님 수행해서 왔습니다."

아마도 박장군은 내가 총장공관요원으로 보직이 바뀐 줄 알고 물었던 것 같다. 이제 다섯 사람이 모두 앉아 있는 가운데 총장이 말을 꺼냈다.

"이번에 '박희도는 군단장' 내보내지 말래…."

아마도 총장이 청와대에 다녀 온 것 같다. 바로 이어서, 그러면

누굴 보내지? 군단장에 누굴 진출시킬 것인가? 라는 뜻이다.

이때 정호용 장군이 안필준이 보내시지요. 라는 말이 끝나자마자 부장 안장군이 말했다.

"저는 다음 기회도 있으니 저기 김응열 장군 어떻습니까?"

라고 하자 총장은 기다렸다는 듯이 음… 좋지! 그 한마디로 김응열 장군이 3성장군으로 영광을 찾이하게 되는 순간이었다.

김응열 장군은 총장이 3군사령관 시절 그 밑에서 정보처장을 지낸 사람이다. 부장이 총장의 마음을 꿰뚫은 것이다. 김응열 장군은 일순간에 기회를 잡고 운명이 바뀐 것이다. 정말 인생에 있어 기회와 운명은 눈깜짝할 순간에 엉뚱한 곳으로 찾아가 꽂힌다. 정말 아슬아슬한 찰나다. 그때 김응열 장군은 내가 인사참모부장으로 모신분인데 3성진급과 동시 2군단장으로 영전하였다.

앞에서 말한 박희양 장군은 조실부모로 소시적에 전두환 전대통령의 모친이 데려다 키웠으니 전 전대통령과는 깊은 형제애 사이었다.

박 장군은 장군진급 직전에 대령으로 육본 인사참모부 인사기획과장으로 있을 때의 일이다. 당시 인사참모부장 곽영배 장군이 청와대 경호실 직잔차장보로 있는 전두환장군 모친상에 조문을 갔는데 자신의 휘하에 있는 박희양 대령이 상복을 입고 지팡이 짚은 상주로 있어서 아주 의아해하고 돌아왔던 일이 있다.

그는 소장 진급 후 임기말 전역하고 바로 충무로에 극동빌딩내에 있던 석유공사 감사로 있다가 지병으로 퇴임하고 집을 지키다 고인이 되셨다.

## 홍인호! 보안사령관이 긴급 호출

어느날 예고도 없이 국군보안사령관 안필준 중장께서 오후 2시까지 사령관실로 나를 오라는 전갈을 육군본부 보안부대원을 통해 받았다. 그리고 난 후 바로 보안사령관실 수석부관의 전화가 왔다. 타오고는 차종은 무엇이고 차량번호는 또 무엇이냐? 서울지구 군병원이 있는 후문을 이용하지 말고 경복궁 앞 바로 사령부 정문으로 통과해 들어오라는 것이다. 일반은 출입하지 못하는 정문이었다. 육본 보안부대 역시 나름대로 어느 차량을 이용해 갈 것이냐? 고 묻는 등 사령관실에서 떨어진 영(令)이라 밑에서 요란법석 관심을 보였다. 나는 건물 2층에 인사기획처장 장석린 준장(육사 18기)에게 가서 세단을 빌려달라고 했더니 보좌관에게 이야기해서 타고 갔다 오라고 양해를 했고, 보좌관 이소령은 바로 건물 현관에 대어놓았으니 그 차를 이용하라는 말을 했다. 나는 현관에 있는 차를 타고 어김없이 정해진 시간에 보안사령부 정문을 통과해 들어갔다.

사령관실 근무요원이 신사복 차림으로 미리 내려와 대기하고 있었다. 나는 그를 따라 출입증 교부도 없이 곧바로 3층에 있는 사령관실로 가서 보안사령관 안필준 장군을 대했다. 음… 왔어? 하시면서 사령관께서 나를 데리고 복도를 건너 사령관의 거실에 배치되어 있는 사령관 책상 의자에 앉으라는 것이다. 나는 앉지 않았다. 왜냐? 사령관께서 집무하시는 책상 위에 3성기와 사령관 명패가 놓여 있었는데 감히 사령관 집무 책상의자에 앉을 수가 없었다. 사령관께서 그 의자에 앉아야 일할게 아닌가? 앉아! 라고 하시는 말씀에 나는 국군보안사령관의 자리에 털썩 앉아버린 것이다. 유래없는 일일 것이다. 당시 노태우 대통령의 윤허 받을 보고서를 작성하는 일이었다.

사령관께서 이곳에도 인사팀이 있는데 말들이 많기 때문에 나를 불렀다는 것이다. 그러나 2성장군으로 육본 인사참모부장직에 계실 때 장군인사실에서 내가 모셨던 어른으로 대통령에 올라가는 보고서를 함께 만들던 옛정이 있었기에 불렀던 것이다.

옆에 있는 사령관 비서실장 김대령의 도움으로 빠른 시간에 작업을 마치고 사령관실로 두 사람이 가지고 들어갔다. 나는 사령관께 작업과정을 설명드렸더니 바로 책상서랍에 넣는 순간, 비서실장 김대령이 시간이 촉박해서 오, 탈자를 확인 못했습니다! 라고 말하자 사령관께서 아니야! 홍중령이 작성한 보고서는 오, 탈자 없어 라며 서랍에 넣고 닫아버렸다.

그때 비서실장 김대령의 생각은 어떠했을까?

“대통령에 올라가는 문서를 오, 탈자 확인도 안 했는데 바로 책상서랍에 넣어버리네?”라고 의아했을 것이다.

하지만 육본인사참모부장으로 계실 때 내가 장군인사장교로서 업무적으로 보좌하면서 오, 탈자없이 정확했던 전례를 인정하신

데서 온게 아닌가 싶어서 나를 그만큼 신뢰해 주시는 사령관께 한없이 고마움을 마음속에 간직하고 있었다.

그 후 사령관께서는 4성장군이 되어 1야전군사령관으로 영전하셨고 그곳에서 2년의 임기와 동시 전역하셨는데 대한석탄공사 사장을 거쳐 보사부장관까지 지내신 후 지금은 효창공원 내에 있는 대한노인회 회장(선출직)을 봉직하고 계시다.

그런데 한 두 가지 특별한 일이 있었던 생각이 난다. 1야전군사령관의 임기 3~4일을 남겨 놓고 전역을 앞둔 어느날 나는 당시 사령관께 인사차 들렀었다. 사령관실에서 홍중령! 내가 내일모래면 군복을 벗는데 무얼 도와주고 가면 좋겠나? 말을 해봐. 아닙니다. 저는 잘 있고 아무런 도움도 받을 일이 없습니다. 그래도 '우정'이라는 게 서로 마음이 오가는 게 있어야지 뭐든 이야기해봐.

끝내 나는 도움을 거절했더니 사령관께서도 체념하신 듯 다른 말씀을 꺼내셨다. 이 복더위에 서울서 원주 이곳까지 300리길인데 1주일 전부터 친구 박준병과 박세직장군 두분 내외가 와서 함께 놀아주고 있다며 고마운 뜻을 피력하셨는데, 그때부터 서울-원주간 거리가 300리라는 것을 나도 알게 되었다.

또 한가지는 대한노인회장으로 당선되시어 집무에 들어가신 후 두어 번째 찾아뵙는 자리에서 회장님이 갑자기 홍중령! 예… 홍중령 놀음해? 라고 전혀 엉뚱한 질문을 하시는 거요.

나는 바로 깜짝 놀란 표정으로 회장님! 무슨 말씀이십니까? 라며 반문한 일이 있다.

내가 어렸을 적 코 흘리게 시절에 동네 아이들 집에 가보면 그네들은 어머니 앞에서 화투장을 놓고 만지작거리며 자연스레 놀기도 하고 그러는데, 그 화투장 가운데 “팔공산 광”그림이 좋아보여 한 장 얻어 가지고 집에 오면 어디에다 감춰놓아야 했었는데 그만… 어머니가 앞 냇가 연못빨래 하실 때 반바지 주머니에서 그 팔공산광이 나오는 바람에 생명줄의 절반은 죽을 정도로 혼이 난 일이 있다. 그 뒤로는 화투장을 두 번 다시 만질 생각이 없어져 이날평생 화투라면 고개를 돌리곤 했는데, 지금도 요즘 사람치고 고스톱을 몰라서 안치는 사람은 홍인호 나 하나 뿐일 것이다. 어느 누가 회장님께 들렸다가 나를 놀려줄려고 일부러 우스개 소리로 한 말이거나 아니면, 회장님과의 관계를 시기해서 모함성 있는 이야기로 한게 아닌가 싶어 씁쓸한 마음이 늘 가시지 않는다.

그런 이후 누가 그런 말을 하던가요? 말씀 좀 해주십시오. 라고 해도 그에 관한한 묵묵부답일 뿐이다.

또 한가지 생각나는게 있다. 육본 인사참모부장으로 모시고 있을 때, 그 당시 부장님은 연세대 대학원 석사과정 졸업논문을 준비하셨는데 그때만 해도 대부분의 사람들이 적당주의가 있었던 그 시대 분위기와는 달리, 그 바쁜 업무를 마치고 밤늦게 퇴근하시고도 각종 통계수치를 따지며 정직하게 손수 논문초안(자료)을 잔뜩 준비해 이튿날 아침에 나오시는걸 보면서 아마도 밤을 새우시는 대단한 노력과 성실성을 본받기도 했지만 그 논문초안 3~400여 쪽을 내가 정서해서 총정리를 하고 인쇄에 들어갔던 그때 일을 잊을 수 없다.

## 장군 진급 심사결과 보고서

대령에서 준장으로 진급심사결과를 가지고 대통령에게 올릴 보고서 작성할 때의 일이다. 당시 인사참모부장은 안필준 소장(육사12기)이고 진급업무를 소관하는 인사관리처장은 권병식 준장(육사15기)이었다. 진급심사가 끝나고 발표 직전, 청와대에 보고하고 대통령이 서명을 함으로써 드디어 발표를 하게되는데, 그때 그 순간을 숨가쁘게 지켜보고 기다리는 그야말로 육해공군을 망라한 전군의 시선이 집중되는 일대 행사이기도 하다. 그 보고서를 육군본부 인사참모부장실에서 내가 작성하는 것이다.

참모총장이 점심식사하고 본청으로 오자마자 들고 보고를 위해 청와대로 출발해야 함으로, 그 시간 내에 과연 홍중령이 보고서를 완성할 수 있을 것인가? 염려가 되어 부장 안필준 장군도 점심식사를 거를 참이다. 담당처장인 권장군은 더 더욱 그러하기에 내 옆에서 작업을 도와주고 있었다. 그 사이에 참모차장 김홍한 중장이 보고서 작성하는 현장을 찾아와 앉아 있으면서 홍중령! 예… 내가 인사참모부장으로 있을 때 우리 함께 만들었던 보고서 형태로 하면 되지 않나? 예. 그렇게 하고 있습니다. 라는 말을 듣고 식사하러 가셨다.

권장군이 부장 안장군에게 말하였다. 홍중령은 틀림없이 시간 내에 완성할 겁니다. 염려말고 식사하러 가세요. 라며 종용하는 말에 부장 안장군도 식사하러 갔다. 보고서는 요구되는 시간 내에 여유있게 끝냈다. 작업 중 그 내용에서 반가운 일을 발견한 것이다.

'제주, 육사 15기 1명!'

당시 육본정책기획실 정책과장으로 있던 "제주 고성출신 정봉률 대령"을 말하는 것으로 여간 놀랍고 반가운 일이 아니었다. 작은 섬에서 별 하나가 탄생하는 순간이었으니 말이다.

참모총장이 식사가 끝나자 관계참모 한 사람을 대동하고 청와대로 향했다. 대통령 윤허가 나자마자 진급발표는 아직 안했는데도 대통령 경호실로부터 새어나오는데 순식간에 세포분열식으로 전군에 퍼져나간다. 진급이 된 사람은 된대로 축하하고 탈락한 사람은 그런대로 위로한다고 그날은 소주소비량만 해도 엄청 날 것이다.

앞서 보고서를 마무리하고 바로 본청 1층에 있는 정대령방에 들어가 축하한다는 말 한마디에도 믿어 주지를 않는다. 왜? 아직 발표되지 않았으니 그럴 수밖에. 방금 이 손으로 글을 썼는데도 안 믿겠느냐고 말을 하자 그때야 비로소 예감이 와 닿는지 눈 주위가 빨갛게 달아오르며 펜을 잡았던 내 오른손 세손가락을 잡아 올리며 이 위대한 손! 이라고 함성을 지르는 것이었다.

정장군은 강직한 군인이면서도 학구적인 사람으로 영어도 유창하고 그 후 별을 더 달아 2성장군으로 군문을 나왔다.

## ■12 · 12당시 인연을 맺고 신군부의 조직인사를 총괄했던

그 어려운 시기 즉 12 · 12사태 당시 무려 16개월간 장군인사 측면에서 내가 그림자처럼 따라 붙어 보좌했던 김홍한 장군이 어느 정도 정국상황이 안정기미에 접어들 무렵 6군단장으로 영전해 갔지만 한번도 재임중에 찾아간 일이 없다. 그곳 임기를 마치고 예측가능했던 자리이긴 했지만 육군참모차장으로 영전해와 다시 육본 본청건물 같은 2층에서 자주뵙게 되는 기회를 가지게 되었다.

그 후 4개월만에 4성장군 자리인 제2군사령관으로 영전해 갔다. 내가 전역을 3~4개월 남겨놓은 1984년 5월의 어느날 대구로 내려가 먼저 2군사령부 인사처장 박근제 준장의 공관에서 진한 곰탕으로 아침식사를 함께 하고 군사령관 공관으로 전화를 넣었다. 전속부관 정대위가 받았다. 군사령관님을 뵙고 싶어 대구에 내려와 지금 인사처장 박장군 공관에 있으니 사령관님께 보고드리라고 했더니 그가 말했다.

사령관님은 방문하는 손님은 거의 사무실에서 접하고, 공관에서는 일체 손님을 안만난다는 것이다. 그러나 보고를 드렸더니 홍중령을 가서 데려오라고 말씀을 하시더라고 전화가 왔다. 그날은 마침 일요일이었다. 인사처장 박장군의 세단을 타고 사령관 공관에 들어섰는데 침실과 거실은 2층을 쓰고 있었다.

교회에 나가시려고 검정색 싱글로 단정하게 차려입고 아주 한가롭게 소파에 앉아있었다. 얼른 일어서며 악수를 하고 잘 있었어? 라며 내 오른쪽 어깨를 잡아흔들고는 자리에 앉았다. 그때 탁자에는 들깨차가 준비되었다. 약 20여분간 지난날을 화제거리로 대화를 나누고 교회로 향하시는 모습을 보고 나도 자리를 떴다. 그때부터 약 두달이 지날 무렵인 1984년 7월 12일 육군본부 장군인사실에서 업무를 보고 있는데 비보가 날아들었다. 2군사령관 김홍한 대장이 헬기 추락사고로 순직했다는 것이다. 그 젊은 나이의 전속부관 정대위! 그 꽃다운 나이에 부인과 어린 자식을 두고 함께 간 것이다.

그뿐인가? 내가 중령 진급 때 부장의 특별의견서를 들고가 인사관리처장 류장군에게 부장이 꼭 진급시켜주라고 했다고 자기가 '꼭'자를 더 붙였노라고 농담하며 웃어주던 성윤영 장군도 함께갔다. 너무 아쉬운 부분이다. 인생이 살았다고 할 수 없는 아주 허무한게 인생이련가?

## 비리에 칼날 세우는 김재명 장군

그는 육사 2기로 고 박정희 대통령과 육사 동기시다. 박대통령이 별하나 달고 7사단장시절 김장군은 대령으로 부사단장을 지낸 끈끈한 정이 있는 사이다. 2성장군으로 3관구 사령관 재임당시 인연이 되어 나는 그때부터 가까이서 모시게 되었다.

장교(소위) 임관으로 인해 내가 먼저 떠났다. 그 후 3개월만에 월남에 파병되었다. 내가 월남전투에 참가한 동안에 김재명 장군은 1군단장으로 영전하여 그곳에서 3성장군이 되었다. 나는 1969년 10월 월남전에서 살아 돌아와 김장군이 계시는 1군단장실로 가서 다시 모시게 되었다. 그 후 얼마 안되어 분위기가 웅성웅성 대더니 그때가 1969년 11월쯤 되었나? 동해안 울진, 삼척지역에 무장공비 120명이 침투하였다.

그때 공비소탕 임무가 우리군단으로 떨어진 것이다. 강원도 평창군 하진부리 비행장으로 군단 전방지휘소를 설치하고, 전 지휘부가 그곳으로 이동해가서 공비소탕전에 돌입, 그해 말 완전 소탕하는 개가를 올렸다.

김재명 장군은 원래부터 부조리에는 아주 차디찰 정도로 냉정하고 엄격한 철퇴로 칼날을 세운 듯 무섭다. 인상도 개성이 강한 남성미가 넘치고 눈을 흘기면 굉장히 무서울 정도의 장군상이다. 때문인가? 해가 바뀌어 군단장 임기가 끝날 무렵, 자유당 정권 때부터 흘러내려 온 고질적인 논산훈련소 부조리를 척결하라는 당시 박정희 대통령각하의 특명이 김재명 장군에게 떨어진 것이다.

3성장군 직위의 군단장을 마친 마당에 2성장군 직위인 훈련소장으로 내려갈 판이다.

1970년 1월 30일부로 논산훈련소장으로 부임하였다. 훈련소장 공관은 영내인 소본부 근처에 있었고, 바로 그 근처에 미고문단이 사용하던 콘셋트를 우리 몇몇 수행해온 요원들이 숙소로 사용하게 되었다. 훈련소장 김장군이 부임 첫날 밤 슬리퍼를 신은 채 우리 수행요원들의 숙소를 찾은 것이다.

먼저 내 주변 사람들은 훈련병 인사청탁과 보급물자 등 '일체의 부조리에 가담하지 않도록 솔선하라'고 먼저 못 박아놓고 부조리 척결에 들어갔다.

사격측정을 둘러싸고 일던 부조리를 제거하기 위해 교도대에서 통제하던 사격측정을 교육중대장 책임하에 이루어지도록 하고 교도대를 해체했다. 교도대장과 헌병중대장을 영창에 가두기도 했다. 그리고 매주 토요일 교육중대장 책임하에 훈련소 대연병장에서 교육사열을 받았다.

취사시설과 보급담당부서, 급양대 등 부조리 발생근원지를 중점관리 함으로써 부조리 요소를 사전 제거하는 등 단기간에 효과가 나타나기 시작하였다.

그때 훈련소 정문에서 소본부까지의 가로수로 1m크기의 측백

나무를 심었는데 지금은 아주 울창하고 멋있는 숲을 이루고 있다. 그로부터 얼마 안된 1970년 4월 경인가 청와대 민정반에서 확인 점검이 나왔다. 일일이 그간의 성과를 사진기에 담아갔다. 그리고 나서 얼마 안된 1970년 7월 10일부로 다시 3성장군 직위인 합동참모본부장 겸 대간첩대책 본부장으로 대 영전하였다.

박정희 대통령은 지시하신 사항에 대해서는 반드시 결과를 확인 점검하는 치밀함을 보이는게 특성으로 절로 고개가 숙여지고 미덥고 존경스럽다.

합참본부로 본부장 김장군을 수행해서 서울에 갑자기 올라왔는데, 장군 운전하사관 김영규 상사와 나는 잘 곳이 없다. 그때 3성장군 이상에게만 그린색 세단이 막 지급되었었다. 나와 김상사는 그 세단 안에서 잠을 잤다. 그 어마어마한 분을 수행하여 왔으니 복지관계장교에게 한마디만 해도 근처에 호텔을 잡아주고 식사도 시켜 줄 터인데도 우리들은 본부장 김장군의 성품에 따라 올곧게 처신할 수밖에 없었다. 깨끗하고 지저분한 뒷말 없이 그때 처신을 잘 한 것이다. 나이 들어가면서 그때 차안에서 자던 그 일을 김상사와 만나면 자주 이야기하며 지낸다.

그 후로 자리잡고 합참본부장실에 근무하고 있었는데, 영등포까지 무장공비가 침투해 들어 왔다는 합참대간첩대책본부의 발표가 있었다. 알고 보니 실미도 특수범 난동사건을 무장공비출현으로 오보한 것이 결국 정치문제화 되었다. 마침내 합참본부장 김재명 장군이 대간첩대책본부장 자격으로 국회에 출석했다.

각 의원들의 집중적인 공세에 답! 합참본부장 겸 대간첩대책본부장이 책임지고 군복을 벗겠다고 담담하게 마이크에 대고 말을 했다. 이 한마디로써 질문공세를 신나게 퍼붓던 의원들이 허탈감에 빠졌던 일이 생각이 난다. 그때 들리는 말! 역시 군인은 정직하고 단순해! 라고.

이 사건이 끝나고 나는 대위로서 월남으로 재 파월되어 떠났는데 김재명 장군은 그 자리에서 물러나 잠시 냉각기를 가지고 국방부 인력차관보로 보직받고 있다가 3성장군으로 예편, 병무청장과 국가보훈처장, 그리고 5공화국이 들어서면서 교통부장관을 끝으로 공직생활을 마감하였다.

## 태양이 떴다!(박정희 전 대통령의 기습!!)

이야기 순서가 바뀌었지만 울진, 삼척 무장공비 소탕작전이 끝나고 1970년 1월 어느 일요일이었다.

군단장 김재명 장군은 인근 남이섬에 참모들을 대동하고 골프 나가 있었다. 갑자기 청와대 경호실 차장으로부터 당시 군단장 비서실장 서창준 소령에게 전화 한 통화가 걸려왔다. 태양이 1군단으로 출발한다고. 이건 예고도 없이 말 그대로 기습이다! 비서실장은 크게 당황하고 군단장에게 보고했다. 그리고 나서 서실장은 식사준비에 여념이 없었다. 자신의 가족에게 집에서 쓰는 백김치, 나박김치 등 종류대로 있는 김치 다 내오고, 군단장 공관에서 음식을 준비하도록 비상을 걸어놓고 서실장은 '가평'읍내 쇠고기 집을 모조리 훑고 그 고장에서 제일 우량 한우등심을 골라 군단장 공관 잔디정원에 돌화로 세 개에다 구멍이 듬성듬성 뚫인 석쇠까지 완비해 놓고 있었다. 박정희 대통령각하는 서울에서 바로 남이섬으로 가서 군단장과 합류하여 골프 9홀을 다돌고 군단장의 안내를 받아 군단장 공관으로 도착한 시간은 저녁 6시경이었다.

각하 수행원은 약 20명 정도의 인원이었다. 맨 먼저 군단장이 진로소주로 각하에게 잔을 올렸다. 그리고 군단장 비서실장이 누구야? 한잔 따르라고 해서 비서실장 서창준 소령이 들들들들 떨리는 손으로 잔을 올리는 영광을 안았다.

후일 들리는 말로 술잔을 웃어른에게 올릴 때 손을 떨어야 예의라며, 안 떨리면 일부러라도 떠는 시늉을 해야 한다며 웃기도 하였다. 각하께서 얼마나 기분이 좋으셨는지 밤 11시가 좀 넘을 때까지 고기도 술도 많이 드셨다.

여담으로 뒤에 이런 일을 소개하였지만, 내가 모시는 김재명 장군을 박정희 전대통령각하께서 찾아오신 그 정경은 쉽게 볼 수 없는 일로 기억에 오래 남는 일이다. 아마도 옛날 전방사단에서 사단장과 부사단장을 함께 지낸 옛정이 그리도 두터웠다는게 실감나는 순간이었다.

# 역대 인사참모부장 어록

■ 내가 장군인사장교 재임간 모셨던 역대 인사참모부장(어록)

| 계급 | 성명 | 최종계급 | 어록 | 마감 |
|---|---|---|---|---|
| ★★ | 곽영배 | ★★ | · 별로 기억에 남는게 없다. 눈이 번개같아 | 10 · 26이전 인사참모부장 |
| ★★ | 김명수 | ★★ | · 홍인호! 진급하는데 문제없잖아? | |
| ★★ | 천주원 | ★★★ | · 홍인호 무슨 문제있나?<br>· 누가 근무평정했나? 열등급이라니<br>· 중령 진급시켜주라 그래(특별 의견서 서명 첨부) | 국방대학원장 |
| ★★ | 김홍한 | ★★★★ | · 장교가 글잘쓰고 일잘하니까 이렇게 고생하지…<br>· 겨우 생각하는게 총경이야? 아무소리말로 일이나 해(12 · 12당시 철야 밀실작업중에) | 2군사령관 순직 |
| ★★ | 박준병 | ★★★★ | · 그래 바로 그거야! 잘했어!<br>· 홍인호 장군인사실 전매특허 냈구나! | 보안령관, 민정당 원내총무 |

| | | | | |
|---|---|---|---|---|
| ★★ | 안필준 | ★★★★ | · 홍중령! 중령진급 언제 했나?<br>· 소준열 대장 승진서류 누가 썼나? 글도 잘 쓰는 구나.<br>· 장군인사실장 정원직위 대령 삭감하자(홍중령 잘하고 있는데) | 보안사령관, 1군사령관, 보사부장관 대한노인회장 |
| ★★ | 김응렬 | ★★★ | · 보고만 들어가면 기분좋아서 OK, OK연발!<br>· 인사기밀 새나가면 총살이야! 농담 | 교육사령관 |
| ★★ | 박명철 | ★★★ | · 장군인사 점쟁이야 홍인호!<br>· 오늘 회식만찬에 홍중령도 포함(처장급이상 장군만 하는 행사에) | 참모차장 |
| ★★ | 정동호 | ★★★ | · 각하를 어떻게 알고 그래?(틀린글자 면도날로 긁으려 하자) | 대통령 경호실장, 참모차장 |
| ★★ | 고명승 | ★★★★ | · 미스터 홍! 어디 명찰보자. 홍인호 이야기 많이 들었지!(부임 인사차 부장실에 들어갔을 때) | 경호실 차장, 수방사령관, 3군사령관 |

# 진급에 얽힌 사연

연대참모(인사주임)는 정원상에 소령직위다. 그런데 나는 대위로서 5사단 35연대 인사주임에 보직되었으니 상위직위에 근무하게 된 것이다. 그 자리에서 소령으로 진급을 하고, 얼마 안되어 육군본부 인사참모부 장군인사실 장군인사장교로 전보되었는데, 이 자리는 정원상에 중령직위로 그나마 대령이 되는 곳! 역시 상위직위로 신참소령이 입성하는 영광을 누렸다. 여기에서 2년반 동안 열심히 근무하던 중 어느새 중령으로 진급할 시기가 눈앞에 다가왔는데, 이때부터 이루어진 내 진급에 관한 추억거리를 나혼자 지니기에는 가슴이 터질 것 같아. 그사연을 공개하기로 했다.

흔히 진급시기가 되면 본인은 물론 주위에 많은 지인(知人)들, 특히 직속상관과 상의해 볼 수도 있고 도움을 청하고 또 도움을 주기도 하는 등 논의가 오가는게 조직사회 뿐만 아니라 우리 인간사의 풍토인데, 내 진급문제에 관해서는 참으로 복잡하고 이상한 기류가 돌았다. 당사자인 나 자신도 그렇게 절박하게 욕심도 내지 않았고 자격이 되면 진급시켜 줄 것이고 그렇지 않으면 안되는 것 아닌가?

특히 1차 즉 첫 케이스로 들어가는 대상이기 때문에 더욱 방관자적 자세로 소극적인 면도 있었다. 제일로 중요한 직속상관 박규종 대령(실장)을 가장 가까이서 모시고 있으면서도 내 문제에 관해 일체 언급해 본 일이 없다.

실장 역시 내 진급문제를 놓고 관심을 피력한 일 없이 철저하게 함구하는 입장을 취했다. 두 사람 모두 참 이상한 사람들이다. 실질적으로 도움 줄 입장도 못되는 사람들이지만 흔히 말로는 관심을 가지는 척 떠드는 경우와는 상반되는 현상이다.

하기야 우리 박규종 실장은 바로 앞에 포탄이 떨어져도 눈하나 깜짝않고 위치를 지킬 정도로 냉정하고 바다와 같이 넓고 깊은 잔잔한 마음을 지닌 인품이 그를 대변하는 것으로 충분히 이해되는 부분이기도 하다.

그런데 어느날 미남형에 성격도 서글서글하고 항상 변함 없는 우정의 성품을 지닌 육본인사운영감실 보병장교과 소령 보직장교 박영권 소령의 전화가 걸려왔다. 부산사람 답게 한마디의 말투로 실장이 와서 홍인호 소령의 인사자력표를 무언(無言)살펴 보고 조용히 나갔다는 것이다.

그때도 실장이 내 자력표를 보았더니 이렇다 저렇더라는 말이 있을 수 있는데 말이 없다. 반면, 내가 그 사실을 알게된 이상 실장께 내 자력표를 보셨다면서요? 하고 물어볼 수도 있는데 나 혼자 묻어두고 말을 꺼내지 않았다. 이렇듯 두 사람은 이상한 사람들이다.

시간이 흘러 같은 인사참모부 내 진급과가 서울 근교 격리된 지역 시설에의 진급심사장으로 옮겨가는 날이 하루 앞으로 다가 왔다. 그날 저녁식사 시간에 진급계장 최중령은 인사참모부 일직근무로, 나는 야간업무를 위해 육본영내에 있는 장교클럽에 각자 식사하러 왔다가 우연히 만났으니 한 식탁에 마주 앉아 식사를 함께하게 되었다.

옛날 월남전에 파병시 최중령은 소령예정 고참대위였고, 나도 대위로 우리 두 사람은 백마부대 28전투단의 같은 울타리안에서 중대장을 같이 한 사이로, 당시 최대위는 주월한국군 부사령관 이건영 2성장군의 전속부관을, 나는 국내에서 합참본부장 김재명 3성장군의 전속부관을 하다온 두 사람의 공통된 전직 때문에 더더욱 절친한 사이였다. 몇 십년이 지난 1977년 5월에 내가 먼저 육군본부에 와 있었고 훨씬 뒤에 최중령이 8사단 수색대대장을 마치고 육군본부 인사참모부 진급과 진급계장(실세)으로 왔는데 육본영내에 있는 지인(知人)들을 찾아 인사하기 위해 먼저 내 방으로 찾아왔다.

최중령은 나의 안내를 받아 여기저기 함께 다니며 인사를 다니는 우리들의 깊은 우정이 있었다. 그런 관계라면 누구든지 자신의 진급문제를 이야기 할 수도 있지 않을까 싶다. 하지만 나는 단 한마디도 내 진급에 관한 이야기를 그에게 내 비친 일이 없다.

최중령은 부산토박이로 과묵한 성격이다. 배짱도 있고 말이 없는 편이다. 한 식탁에 음식을 받아놓고 우리 두 사람이 마주 보며 식사를 하는데 날이 새면 진급심사장으로 옮겨갈 최중령에게 내 입으로 내 진급문제에 대해 말이 나올만한데 한마디 말이 없으니 그는 기다리다 못한 듯 입을 연다.

"홍박사!"

"왜 부르는거요."

"기록에는 하자가 없어요?"

"그건 왜 물어요?"

라며 되받아 쳤는데 그 후 말이 없다. 내가 다시 내 문제에 부담 갖지 말아요. 시켜주면 계급장을 바꿔달고 여의치 않으면 소령으로 계속 근무하면 되는 것 아니요.

그것으로 두 사람의 말은 끝이다.

그렇다고 최중령이 구질구질하게 거기에다 토를 달 사람도 아니고 워낙 스케일이 큰 사람이라 무언(無言)! 정말 훌륭하고 잘생기고 매력 넘치는 육사 19기의 멋진 사나이였다.

장교진급시 인사자력 기록 평점은 75점이 만점인데 나는 72점밖에 안되었다. 구제한다 해도 최소한 73점은 되어야 한다.

진급과가 예정대로 진급심사장으로 이미 떠났고 며칠이 지난 어느날 최중령의 전화가 걸려왔다.

"홍박사! 인사운영감실에서 넘어온 진급심의표를 받아 찾아보니 72점으로 알고 왔는데 거기에다 0.2가 빠져 71점 밖에 안된다는 거요."

그러면서 실장을 바꿔달라고 해서 곧 실장을 바꿔주었다.

그때 그 전화를 받고나서도 실장은 말이 없다. 나 역시 말을 안했다. 여기서도 서로 침묵하니 또 이상한 사람들이다. 그만큼 속이 깊고 그릇이 커서 그럴 만도 하다고 여기면서……

왜 내가 개인자력 점수가 71점만 되는가? 장교는 기본 5개 평가요소가 있는데 그 중에서도 가장 비중을 많이 두는 '근무성적 평점'이 상·중·하·열로 등급을 주는데 나는 하등급에도 못해 열등급을 받았는데 그것이 점수를 워낙 많이 깎아먹기 때문이었다. 이건 완전 진급탈락감이다. 그 문제의 '열등급'은 어떻게해서 내 인사자력기록에 올랐나? 하면 내가 연대 인사주임으로 부임초에 업무파악과정에서 희한한 일을 발견했다.

P.X에서 병사들을 상대로 판매하는 막걸리에 물을 타서 양(量)을 늘려 팔고 있었다. 지금은 막걸 리가 없어졌으니 문제 될 게 없다. 다음은 빵도 정상적인 보급조달품을 다 팔고도 시중에서 빵을 비사입해서 양을 늘려 판매하고 있었다. 그뿐인가? 연대내 전 중대급 인사계(상사)들을 통해 매월 정기적으로 금전을 거출해 연대장에게 상납하고 있었다.

이러한 현상들을 보고 그냥 넘어갈 내가 아니다. 지체 없이 그러한 부조리요소를 차단시켰다. 병사들이 마시는 막걸리에 물을 타는 행위 즉각 중단, 빵 비사입도 중단시키면서 P.X관리관을 교체, 새로운 사람으로 임명하면서 대단한 경고 메시지를 주었다.

전 중대 인사계(상사급)를 연대본부로 소집하여 금전거출행위는 오늘 이 시간 부로 끝! 하고 선언했다.

취사장에서 쌀이나 육류를 연대장 공관으로 올라가는 관행에도 종지부를 찍고, 공관용은 시중에서 정상 구매해서 사용하게 했다.

이상과 같은 내용들은 너무나 당연한 일이기 때문에 연대장의 사전승인이 필요없는 것으로 인사주임이라는 참모기능상의 문제로 사전 예방조치하고, 나와 거의 같은 무렵에 취임한 연대장 박종남 대령(육사 13기)에게 전임자들의 방식으로 운영하는게 연대장님을 돕는 일이 아니라고 보고 사전 승인 받을 것 없이 참모 예방활동 차원에서 미리 조치하였습니다. 라고 결과보고 형식을 취했더니 연대장도 흔쾌히 잘 했다고 사후 승인을 취하는 격이 되어 버렸다. 그때 연대장 박대령은 육사 13기에서 선두주자였다.

연대장과 나는 24개월 동안 함께 근무하다가 연대장 박종남 대령은 먼저 육군본부 작전참모부로 영전해 갔다.

그 후임에 안재민 대령이 취임했다. 그는 내가 1군단장을 모시고 있을 때 1군단 인사처 보좌관 안소령으로 서로가 잘 아는 사이였다.

나도 떠난 연대장처럼 서울지역으로 전속을 가려고 마음먹고 있는데, 새로온 안대령이 3개월만 자기를 도와주고 가라고 나를 붙들어 놓은 상태였다. 부임한지 한 달이 채 못된 어느날 예하 대대에 순시를 떠나면서 부연대장을 통해 구정도 돌아오니 인사주임 휴가 가라고 지시를 내렸다. 고 한다. 한달도 안된 마당에 내가 휴가 청원해도 부결될 판인데 휴가가라고?

직감적으로 나를 짜른 것으로 마음이 무척 상했다. 하기는 부정한 돈이 나올 구멍을 다 막아 놓았으니 나를 그대로 두어봐야 소득이 없다는 것을 절감하고, 서서히 나를 격리시키는 수순으로 가는 것으로 생각하고 나는 책상을 정리하고 부대를 떠나 집으로 갔다. 그러나 나도 그냥 있을 수 없어 떳떳치 못한 연대장에 반기를 들어 서로간에 감정이 팽팽하게 악화되었다. 그 후 나는 육본으로 전속 오자마자 인사운영감실에 가서 인사자력을 확인 결과 전 소속 연대장 안대령이 나에 대한 근무성적 평정을 열등급으로 평가한 것을 알게 되었다.

내가 상상하기로, 실장 박대령이 혼자 고심고심하다가 정도가 아니면 걸어가지 않는 아주 올곧은, 전두환 대통령의 육본 일반참모부장 초청 골프에도 자신은 골프와는 무관하다고 안가는 정도로 소신이 뚜렷한 무서운 인사참모부장 천주원 장군인데, 어느 토요일 점심식사 후 13:00경 퇴근 준비를 서두는 부장 천장군에게 조심성 있게 조심조심 접근하고 실장 박대령이 말문을 열었다.

부장님! 저… 홍인호! 하고 부장님의 눈을 보니 의외로 반응이 좋아 말을 계속하려는데 뭐, 홍인호? 무슨 문제가 있나? 라고 해서 실장이 앞에서와 같은 근무평점 열등급 문제를 꺼냈는데 다소 진노한 표정으로 당시 홍인호를 열등급으로 평가한 자가 누구냐? 고 하자 전 소속 연대장 안재민 대령인데 연대장을 마치고 지금 인사참모부 근무과장으로 와 있다고 답을 했다. 부장이 그 자에 생각을 새겨두는 듯, 왜냐하면 나는 장군인사장교로서 항상 부장 천장군과 한 테이블에서 이마를 맞대고 장군인사 작업을 하기 때문에 부장이 직접 나의 업무수행 태도를 관찰할 기회가 많아서 나를 잘 알고 있었다.

부장이 보기에도 홍인호가 열등급이라! 말도 안되는 개인감정이 개입된 부실평가로 지적, 이를 해명하는 특별의견서를 친필로 작성, 서명함으로써 진급시키는 방향으로 이미 결정이 나는 순간을 실장 박대령이 도출해 낸 것이다.

정말 고마운 분들이다. 아니 당사자인 나는 가만히 있는데 주위에서 귀한 분들이 나서 이렇게 관심을 가지고 도와주시니 이 이상 고마운 일이 또 어디 있단 말인가? 그 특별의견서를 당시 부장실에서 부장을 보좌하는 행정과장 성윤영 대령을 시켜 진급주무인 인사관리처장 류승국 준장(육사 13기)에게 전달, 홍인호 진급시켜 주라는 메시지를 전한 것이다.

바로 그 뒤 성대령은 돌아와서 꼭 시켜주라고 자기가 '꼭'자를 더 붙여 전했노라고 농담을 하며 웃은 일들이 생각난다.

그 후 성대령은 장군진급을 하고 2군사령부 정보처장 시절 군사령관 김홍한 장군과 함께 헬기 추락사고로 순직했다. 너무 아까운 사람이다. 인사관리처장 류장군이 진급심사위원을 소집, 위원장에는 임동원 준장(육사 13기로 훗날 안기부장과 청와대 대통령 특보까지 지낸바 있음)을 임명하여 진급심사장으로 인솔하고 와서 실장 박대령과 나를 자기 방으로 내려오라고 해서 갔더니 류장군의 말이 재미있다. 진급심사장에서 심사위원들에게 홍인호에 대한 브리핑을 했더니 지금 "홍인호 이름 석자가 깃빨 날린다고" 재미있는 표현을 하며 호탕한 웃음을 보였다.

그 다음날 육본 범죄수사단의 원로 수사관 이상훈씨가 인사그룹 담당인데 우리 방에 와서 양손을 바지 주머니에 넣고 유리창 너머로 쳐다보면서 대한민국 육군이 창군이래 진급심사 하기도 전에 진급된 결과를 아는 건 홍인호 밖에 없다고 농을 던졌던 기억이 지금도 생생하다.

실장 박대령 등 고마운 분들께 인사도 제대로 못하고 그저 마음에 빚 만지고 살고 있다. 그리고 당시 진급계장 최준식 중령은 후일에 3성장군이 되었지만 지금은 너무 이른 나이에 고인이 되신 게 안타깝기만 하다.

제2부

# 가 출

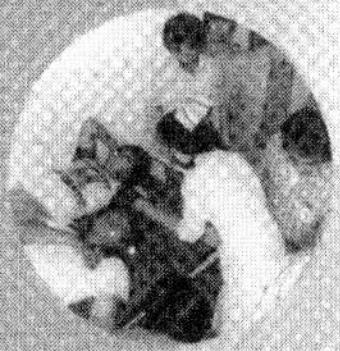

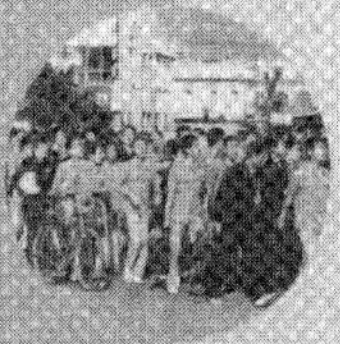

가출! 군으로 향한 마음
장교지원해! 김재명 사령관의 엄명
국군보안사 성남시 보안대장 시절
나는 철저한 반공주의자다
지금 어느 하늘아래에서…
아내의 건강을 챙긴 이야기
세상에 다시 없는 최고의 스승! 현화진 선생님…

## 가출! 군으로 향한 마음

나는 고향마을 제주 정의고을 영주산의 정기를 받으며 어느덧 청소년기로 접어들었다. 고교진학문제로부터 갈등을 겪기 시작했다. 진학은 했지만 원하던 특정학교와는 빗나간 상황이었다. 부모님에 대한 불만감이 싹트기 시작했지만 겉으로 불편한 심기를 드러내지는 않았다. 보릿고개라는 말이 있듯이 주민들의 생활이 어려워 소나무껍질과 쑥을 뜯어 먹고살던 그 시절이었지만 그래도 우리 집 환경은 좋은 편이었다. 그러나 내가 가고자 하는 길을 받혀주지 않는 부모님이 원망스러웠다.

이런 가운데 윗동네에 사는 동갑내기 친구 강춘산군과 늘 시간을 함께 하며 생활을 했었다. 시간 있을 때마다 마주 앉으면 많은 대화를 나누는 과정에 어쩌다 군에 들어가는 문제가 화제거리로 떠올랐다. 그때만 해도 군대! 하면 매맞는 곳으로만 인식이 되고 있었다. 그러므로 군에 간다고 하면 매맞을 각오를 하고 매맞으러 간다 라는 생각뿐이었지만 젊은 패기가 있었기에 그런 정도의 매는 문제될게 없었다. 꿈 많던 그 시절 어느날 이웃 형들에게 징집 영장이 나왔다는 소문을 들었다. 춘산이와 나는 그 형들의 뒤를

쫓아가는 것으로 굳은 약속을 한 상태다. 얼마 후 그 형들이 군대 갈 날이 내일로 다가온 것이다. 그때만 해도 동네에서 군에 간다고 하면 마을의 이장(里長)주관으로 유지급 아저씨들을 초대해서 출정 전날 밤에 환송연을 베풀고 보내는데 아버지가 그들의 환송연에 다녀오신 시간이 자정이 넘을 무렵인데 방안에서 호야등을 켜고 잎담배 한 대를 피우고 계셨다.

그 순간 나는 잠을 안자고 어떻게 하면 부모님 몰래 집을 빠져나갈 수 있을까 하고 궁리를 하고 있었다. 그러는 사이 아버지가 불을 끄고 잠자리에 드신다. 이제부터 춘산이와 작심한대로 결행의 시간이 온 것이다. 울타리 옆에 아버지가 낙엽송 곧은 나무로 설치해 주신 평행봉에 늘 몸을 단련하면서 착용하던 군인 작업복에 버클소리를 안내려고 허리띠를 넥타이로 대신차고 화장실 가는 척 방을 빠져나와 보리짚으로 덮인 앞마당을 발자국 소리나지 않게 살금살금 걸어나오는데 부엌채에서 어머니가 새벽밥을 지으시느라고 화덕에 지푸라기로 환하게 불을 때고 있는 모습을 보면서 집을 나섰다. 그 순간은 도대체 내 앞날이 어떻게 될 것인가? 미래를 생각할 겨를이 없이 그 길로 어두운 새벽길을 달리는데 초능력을 가진 사람처럼 단숨에 8㎞의 거리를 혼자서 달려 면소재지 표선리에 도착하면서 표선초등학교 운동장을 찾았다.

면장 주관으로 장정환송행사가 막 끝날 무렵에 도착한 것이다. 거기에 나와 약속한 대로 춘산이도 미리 와 있었다. 이웃 형들은 이미 트럭에 올라가 있었고 트럭대열이 막 출발할 때 나도 쏜살같이 뛰어올라 탔다. 바로 이 때 고향마을에서 내려오신 종숙모님이 나를 보시더니 야! 인호야 너 뗳게 된거냐? 어딜가나—못가게 부르신다. 하지만 나는 이미 트럭 위에 올라있고 고향 마을은 멀어져 갈 뿐이다.

잠시 상상을 해 보았다. 종숙모님이 우리 마을로 올라가시면 우리 부모님에게 아들이 형들 따라 군대에 가버렸다고 하면 또 얼마나 허탈하실까? 마음은 좀 아팠다. 아버지 어머니 죄송합니다. 좋은 군인이 되어 돌아오겠습니다. 라고 마음속으로 빌었다.

그때 함께 한 이웃 형들은 나와 육촌간인 홍봉문 형(초등학교 교사였다), 홍태숙, 변정식 등 나머지는 기억이 잘 안 난다. 우리들을 실은 트럭은 서쪽지방인 안덕초등학교 운동장으로 가서 하차 시켰고 그 곳에서 나와 춘산이는 지원병으로 군의관의 신검을 받았는데 두 사람 모두 갑종 합격이었다. 그것도 그럴 것이 한참 힘 좋은 나이에 매일 평행봉 등 기계체조로 단련해서 기슴팍 근육도 아주 보기 좋을 정도로 잘 발달이 되어 있었으니―

## ■ 군 입대 일정의 시작(논산 훈련소를 향하여)

제주병사구 사령관이라는 육군대령이 옛날 장교 정모를 쓰고 검게 탄 얼굴로 나타나 수속절차를 밟는데 총 감독을 하고 있었다.

교정에서 나누어주는 주먹밥(하얀 쌀에 검정깨를 섞어 주무른) 1개씩 받아들고 점심을 때웠다. 그 다음 날 모슬포로 이동하여 해군 함정 LST에 승선하는데 자선(子船)을 타고 가서 모선인 LST에 오를 때는 굵은 밧줄로 얽은 그물사다리를 타고 올라갔다. 그때 함께 탄 장정이 1,500명인데 당시에 목포―제주간 오가는 여객선이 열시간 걸리던 항해거리로 봐서 해군 함정 LST는 보다 더 시간을 단축할 수 있는 상황인데도 함상 매점에서 물품을 팔아먹기 위해서인지 공연하게 해상에서 5일간을 떠다니다가 목포 군항에 입항, 하선하였다.

곧바로 목포역으로 이동하여 난생 처음 보는 기차에 몸을 실었는데 의자가 있는 객차가 아니고 석탄실어 나르는 곡간차였다. 그 속에서 밑에 가마니를 깔고 드러누워 기적소리와 함께 덜컹덜컹 가다 쉬고 또 가다 쉬고—논산역 가기전인 충남 강경역에는 3일만에 도착하였는데 그 시간이 어둠이 깔린 저녁 9시쯤 되었다. 우리 일행은 하차하자마자 인솔 차 나온 그 훈련소 기간요원의 일어서 앉아, 일어서 앉아라는 구령에 맞춰 일어섰다, 앉았다하며 정신을 통일한 다음 번호! 하나, 둘, 셋—인원 파악 후 훈련소를 향해 삼삼오오 어깨동부 대형으로 그 밤길을 걸어 약 1시간 정도 걸어서 수용연대에 도착하였다.

그 곳에서 재신검을 받고 1주일만에 인식표와 함께 군번을 받고 역시 군복(전투복)을 지급 받아 입음으로써 드디어 국군의 일원이 되었다.

군인으로 처음 입은 군복(당시 20세)

■ 기초군사훈련 교육과정 돌입(교육기간 8주)

그리고 본격적인 교육훈련을 받을 소속대가 지정이 되었는데 23연대 1중대에 봉문이형, 태숙이, 정식이 형들, 그리고 나와 모의

했던 춘산이도 같은 소속으로 동고동락을 하였다. 그때만 해도 훈련소 부조리가 성행하던 시기여서 야외 교장에 나가면 이동 매점 상인이 드글거렸고, 그들은 아마도 교관들과 어떤 관련을 지어 있는 것일까? 그들 행상으로부터 눈깔사탕 1개를 사먹어도 훈련이 좀 편했다. 나는 정상적으로 군대 영장 받고 들어갔으면 그래도 부모님과 친척들이 용돈은 주셨을 터인데, 몰래 집에서 땡전 한푼 없이 알몸으로 도망나왔으니 어디 주머니에 돈이 있나? 괜히 사먹지도 못하면서 혀끝으로 입안벽을 밀어넣고 눈깔사탕 사서 입에 문 것처럼 행세하는 처량하고 슬기로운 면도 있었다. 정말로 웃지 못할 일을 한 것이다. 아침에 기상나팔소리! 매일 아침 학과 출방할 때마다 전봇대 꼭대기에 매달아 놓은 스피커에서 울려퍼지는 "제2훈련소가!"

백제의 옛 터전에 계백의 정기 받고
관창에 어린 뼈가 지하에 흩어나니
웅장한 호남부대 높이 우러러 쌓고
대한의 건아들이 서로 모인 이곳에…

우렁차게 울려 퍼지는 제2훈련소 군가 소리에 힘있게 발을 맞춰 기수가 가는 방향으로 진군해가고—

어느덧 8주라는 교육기간이 끝나 수료식을 하고 배출 대대로 옮겨갔다. 요즘 병사들은 1식 3찬에 자기양에 따라 자신이 마음대로 떠 먹지만 그때만해도 장정들이 배가 고파했다.

식사시간 때 주는 밥은 항구(반합) 속 뚜껑에 그나마 살며시 밥을 얹히면서 싹 깎아버리니 먹을 것도 없다. 스푼도 없어서 목에 차고 있는 인식표로 떠먹어야 했던 시절이니 배가 고플 수밖에—

한번은 연대 취사장에 사역을 나갔다. 인정이 많은 어느 병장이 항구에 가득히 밥을 떠준 것을 아무 반찬도 없이 그 밥을 혼자서 다 먹은 일이 있다. 아마도 두 사람이 먹어도 배가 부를 정도의 분량이었다.

3일 동안 배출대에서 대기하는데, 인원에 비해 수용시설의 부족으로 내무반에 취침할 때면 바르게 몸을 펴서 잘 수가 없다. 오징어 축 쌓듯이 전원 옆으로 차곡차곡 딱 붙여 잠을 자야 했다. 드디어 기간요원이 배치 명령을 보며 호명하기 시작했다.

홍인호! 예—공병학교!! 논산역으로 나와 같이 가는 동료일행과 기차편으로 김해 공병학교로 이동하였다.

## ■ 공병학교에서의 교육과정과 실무부대배치

내무반 바로 옆에 개울물이 흐르고, 이 물로 세면도하고 그곳의 물을 먹으니 훈련소에서 새까맣게 된 얼굴 피부가 뽀얗게 고와졌다. 그곳에서 지뢰탐지 요령, 장간조립교 조립요령, 강물에서 부교설치 요령, 도하훈련, 석공장 사역 등 많은 것을 배우고 소정의 교육기간을 마치고 부산 9보충대로 갔다. 행정반에서 상사가 나오더니 아마도 행정지원 요원을 뽑아갈 눈치다.

한번 이리저리 훑어보더니 그 중 인상이 좋다고 느껴지는 2~3명을 지명하고 그의 앞에서 필적검사를 받았는데 내가 뽑힌 것이다. 3~4일간 대기중에 행정반 사무를 도왔다. 선임하사관이 말을 했다.

홍인호는 그간 열심히 일했으니까 후방에 제일 좋은데로 보내주겠다고—

결국 대전 가수원에 있는 1202건설 공병단으로 발령을 내어주어서 기차편으로 올라와 대전역에서 하차하고 군트럭편에 신임부대로 향했다.

어스름한 밤에 도착했는데 이미 분류가 되어 있었다. 301공병작업대대로—

아이구 이제 죽었다. 매일 시멘부대나 매고 작업만 할 생각하니 마음이 불안하고 별로 편치 않았다. 그런데 대대본부 각과 선임하사관들이 행정요원 충원을 위해 모여들었다. 나름대로 인상을 먼저 보고 나서 필적을 보더니 홍인호는 군수(보급)과 요원으로 선정이 되는 순간, 이제 작업병 신세는 면했구나 하고 안도감을 가졌다. 대대본부 군수과에서 처음 받은 보직은 부식계로 강경보급소에 트럭을 인솔하고 가서 우리 대대장병이 먹을 부식을 매일같이 수령하고 와서 예하 각 중대에 분배하고 행정처리하는 일이다. 주로 두부, 콩나물, 도루묵, 동태, 꽁치, 멸치, 쇠고기, 돼지고기 등 품목이 다양했다.

그때 그 시절만해도 물품을 만지는 요원들은 어떻게하면 돈을 만들 욕심에 눈에 불을 켜던 때이지만 나는 그런쪽에 한눈 팔지를 않았다. 나는 유년기 성장과정이 좋아서 분명 그 영향을 받은 탓이기도 하다. 그런데 부식수령 트럭을 운전하는 강상병은 몸집이 우람한 강원도 사람인데 눈이 부리부리하고 우직스럽게 보이는 사람이었다. 나보다 나이도 훨씬 많다. 그래서 부대에서는 그를 불도저로 별명이 붙은 사나이다.

강경보급소에서 논산 삼거리에 있는 부대로 오는 중간에 길양옆에 민가가 있는데 이곳 민간인들은 군용보급차량이 지나면서 두부 1상자 툭, 꽁치 1상자 툭하고 던져내리면 그걸 받고 장사하는 사람들이 사는 집이다.

그런데 어느날 부식을 수령하고 강경에서 부대로 가는 길목 그 민가에서 운전병이 자기 임의대로 차량을 정차하였다. 운전병 강상병이 재빨리 트럭 위로 올라오더니 도끼로 돼지고기를 토막내어 담당실무자인 내 허락도 없이 일방적으로 민가로 내동댕이친다.

몸집이 크고 불도저처럼 워낙 힘이 센 사람이라 그 행위를 막는데는 역부족이요, 스무살 난 일등병의 어린 나이에 나는 엉엉 울고만 있었다. 어린 시절부터 엄격하신 부모님 슬하에서 도적질은 안 된다, 나쁘다 라는 말을 귀가 익을 정도로 교육을 받아서 그거 남몰래 팔아 돈을 챙긴다는 것은 상상치도 않았던 일이다. 상등병 진급과 동시 군수과장 이정도 대위의 지시로 군수과 서무계로 보직을 바꿨다. 나의 행정능력을 인정한 것이다. 또한 그 부서의 업무를 총괄해야 하는 임무가 주어진 것이다. 그 어린 나이에 보급업무에 대한 SOP를 작성했다.

즉 보급절차 업무규정을 내가 만든 것이다. 과장 이정도 대위가 감격할 정도로 내용이 충실해서 대단한 호감과 업무능력을 크게 인정받았다. 지금 생각해도 어린 나이의 상등병이 행한일이 대견스럽게 여겨진다. 부대는 논산삼거리에서 여산 저수지 옆으로 옮겨왔다.

중학시절부터 머리아픈 병이 있어 왔는데 대대의무실에 입실을 했다. 24인용 군용 천막 속이다. 야전침상에 누워 여러날 동안 고생을 했는데 어찌나 고향이 그립고 부모님 생각이 나는지 서글프기만 하고, 그래도 의무실 군의관 유승록 대위와 선임하사관 김영원 상사의 인정어린 보살핌으로 많은 위안이 되었다.

그것도 대대내에서 제일 어린 나이었기 때문에 항상 귀여움을 받던 터였다.

## ■ 장기복무하기로 결심(군에 장기근속 계기)

세월이 흘러 병장으로 3년 만기 제대 날이 다가올 무렵, 많은 생각 끝에 과감하게 궤도를 바꿨다.

제대해서 집에 가는 게 아니라 장기복무를 지원하고 계속 군생활을 오래할 결심을 한 것이다. 그로부터 두 달 후 하사로 진급과 동시 대대본부 서무계로 자리를 옮겼다.

나의 소질을 살려 내무환경 개선, 각종 시설물의 표지판 정비, 정문의 대형부대간판 등 내 손으로 새로 써서 세워 달았다. 페인트칠도 그때 기술을 익혔다.

부대 주둔지역 면사무소에 광고판 등 붓글씨를 지원해주기도 하고 대대본부 간부들로부터 많은 사랑을 받았다.

### ■ 나에게 처음으로 사랑하는 사람 생겨

이때 휴가 받고 고향에 갔는데 내 친구 강춘산이 하는 말이 인호도 이번에 온김에 색시감 하나 점 찍어 놓고 가야지 동네 처녀들 다 시집가고 남을게 없을 것 같으니 말이다.

그의 말을 받아들여 동네 이웃집에 있는 어느 한 사람에게 평소의 감정부터 좋아했고 그래도 우리 마을의 최고가 될 인품을 갖춘 사람으로 늘 생각했고 지금 이 시간에도 좋은 사람임을 인정하고 평생 잊을 길이 없다. 오히려 헤어졌기에 더 가까이 있는지도 모른다.

그 후 나의 형님 인봉씨가 남원지서에 경찰관으로 근무할 때 그곳에 들렸다가 바로 부대로 향해 떠날 생각이었는데, 그 사랑하는 사람을 한번이라도 더 보고 가려고 방향을 틀어 표선리에 도착하니 날이 어두워 버렸다.

원래 나는 무서움을 타는데도 그때 내눈에는 아무것도 보이지 않았다. 오직 그 사람만 생각하며 무서움도 잊고 나 혼자 그 밤중에 십오리 길을 걸어 정의고을 성읍리로 올라가 바로 동문기에 사는 두진네 집에 갔다. 거기서 ○○를 만나고 함께 걸어나와 성 뒤쪽으로 천천히 걸어가다가 어느 초가집 처마 밑에서 그의 두 손목을 꼭 잡아본게 고작인데 이토록 평생 내 가슴에 남아 있네, 내 가슴을 적셔주네.

훗날 오랜시간이 지난 어느날 사연은 밝힐 수 없지만 남문기 앞 비석거리의 눈물을 마지막으로 다시는 못 본 것이다. 매우 가슴 아픈 부분이다.

내 잘못이 너무 크기에 내 어리석음을 탓할 수밖에 없다. 그리고 용서를 구하는 마음으로 평생을 살고 있다.

그로부터 상당한 세월이 흐르면서 현재 함께 해로하는 아내를 만났다.

미제 커피 캔에 심어놓은 금련화를 선물로 받은 것이 인연이 되었다. 그 화분을 부대 복귀시 사무실에 갖다 놓고 볼 때마다 많은 정을 느끼게 되었다. 그가 있는 곳에 가면 토마토를 썰어 내놓기도 하고, 나도 그때 한참 멋을 내고 할 때인데 금남의 구역이던 그때 그 시절 미장원에 들어가 머리를 퍼머했으니 그 용기 또한 대단한 것이었잖나 싶다.

훗날 내 아내가 된 그때 그 아가씨는 스무살 나이에도 선이 굵고 자그마한 일에 그렇게 집착해서 어렵게 힘들게 생각하는 그런 부류의 사람이 아니었다.

항상 마음이 널찍하고 남성들의 세계를 비교적 잘 이해하고 몸은 비록 작지만 마음만은 늘 태평양을 상대하는 기분으로 살아달라는 간곡한 주문을 나에게 반복해 주었던 것이 지금도 늘 고맙게 여겨진다. 그러한 스타일로 살다보니 마음도 훨씬 편하고 욕심없이 내 건강에도 직결되는 결과가 아니었나 싶다. 아내와의 다툼도 요즘에는 거의 사라졌지만 젊을 때는 수도 없이 있어왔다. 하지만 우리 두 사람은 그래도 좋은 성격의 일부분도 있는 것 같다.

다툴 때 와-와-와-와!하고 화끈하게 맞붙는다. 그렇게 하고도 한발짝 되돌아 서는 순간 바로 화합한다. 아무 마음을 묻어 두지 않는게 서로의 장점이기도 하다.

아내의 고향은 전남 보성군 벌교읍전동인데 읍사무소 바로 앞의 "중앙주조장(옛날 막걸리 공장)" 집의 5남매 중 막내 딸이다. 막내라 그래서인지 사랑을 독차지 하려는 습성? 나를 철저하게 한 눈을 못팔게 혼자 독차지 하려는게 단점이라고나 할까?

그의 손에만 들어가면 다 시들어가는 화초도 다시 소생하고 아이들도 별탈없이 잘 자라준다. 아마도 그 손은 약손이고 복(福)손인가 보다.

이웃 아주머니들이 차려놓은 가게에서 반찬거리 하나를 사더라도 한 푼도 안깎고 부르는 대로 돈을 주고 산다. 팍팍 깎으면서 사야 동전 몇 잎이라도 내가 힘이 덜들터인데—농담좀 했어요.

## ■ 부대생활 태도

나는 상하관계에 있어 명확한 선을 그었다. 같은 계급이라도 군번이 앞서면 선임으로 대우했고 군번이 하나만 낮아도 확실하게 장악했다. 지금 생각해보면 여간 짖궂은 일이 아니다.

대대본부 취사반장이 박종근 하사로 그는 계급은 나와 같으나 군번이 나보다 늦었다.

매일 내 몫으로 특식을 마련해 놓았었다.

하루는 저녁식사 하러 갔는데 특식 준비가 안되어 있었다. 바로 야전침대 마구리를 발로 툭… 차서 빼어들고 취사반장 박하사를 엎드려 뻗혀시켜 놓고 빳다를 치려는데 도망을 쳤다. 취사장 건물을 빙빙 돌며 쫓다가 붙잡아 놓고 벌로 그 밤에 논뚜렁길을 걸어 인근 마을에 가서 중국집 자장면을 항구(반합)에 사서 담아오라고 했다. 그것도 그 말을 듣고 그 밤에 자장면을 들고 왔는데 다 불어터져 먹지도 못했던 일이 있었다.

### ■ 재미붙인 외식(外食)

취사장 밑으로 내려가면 저수지 바로 옆에 있는 자그마한 민가가 한 채 있었는데 그 집에서 사는 아저씨 내외가 떡국장사를 하였다. 찾는 손님이라고는 우리 부대 병사들만이 유일한 고객이다. 나도 그 중의 한 사람인데 그 집 떡국이 어찌나 맛이 있는지 먹고 뒤돌아서면 또 먹고 싶을 정도로 늘 그 집을 찾게 되었다.

그 집에서 좀 더 올라가면 반공포로 출신인 변씨네 가게가 있었는데 그 집은 주로 생필품을 진열 해 놓고 있었다. 나는 그 집 안방에서 낮잠을 자고 있는데 바로 내 머리 위 툇마루에 우리 부대 병사 둘이서 앉아 과자를 사먹고 있었다. 이들은 내가 그 방에 있는 줄도 모르고 홍하사 그 새끼 어찌나 짓궂게 우릴 괴롭히는지 아주 귀찮다고 내 흉을 볼 정도로 내가 개구쟁이었나 보다.

모두 말할 수는 없지만 정말 즐거운 병영생활이 계속되고 있었다. 그런데 어느 날 좋은 기회가 찾아왔다.

3년간 정든 301공병작업대대를 떠나야 하는 날이 온 것이다. 떠나려니 너무 섭섭했다.

### ■ 드디어 공병부대를 벗어나(전망이 밝아오는 듯!)

3관구사령부로 전속 발령이 났다. 새로운 부대에 부임하고 처음 받은 보직은 부관참모부 인사과 장교계로 업무를 시작하게 되었다. 부관병과는 군행정의 본산이기에 여기에서 올바른 군 행정 사무를 터득했다.

한달이 어느사이 지나고 두달, 세달 이제 새로운 이곳에도 정이 들어 부대 생활에도 익숙해졌다. 어느날 사랑하는 사람이 관구사령부정문으로 면회를 왔다.

## ■ 사랑하는 사람과 화려한 외출

그때만 해도 남녀가 내놓고 손잡고 함께 걸으면 큰일이나 나는 것처럼 별로 곱지 않은 시선을 줄때다. 나 자신도 남의 이목을 의식해 어딘가 쑥스럽고 걸어도 적당한 거리를 두고 앞서거니 뒤서거니하며 유성에서 대전역까지 가는 계룡버스를 타고 대전시내 은행동 목척교에서 내렸다.

바로 옆으로 돌아가면 신도극장이 있는데 우리 둘 처녀총각은 이 영화관으로 들어가 "하숙생"을 관람하였다. 주제곡으로 가수 최희준씨의 구성진 노래가 삽입곡으로 들려오기도 했다.

이때만 해도 놀 곳도 없고 별로 즐길 곳이 없어서 그저 시내로 나갔다 하면 극장이다. 그곳에 가 앉아서 주위를 어스름한데서 살펴보면 우리 부대 요원들이 다 보인다. 어쩔 수 없이 그곳에만 몰리는 것이다. 그때 그 시절에는 그것이 화려한 외출이었다.

## ■ 가게를 지켜주다 찹쌀모찌 다 털어먹어

그런데 대흥동 4거리에 301공병대대 부식계를 맡아 볼 때 사수로 있던 임종철 상병이 제대하고 가게를 차렸는데 그 가게를 하루 내가 찾아갔다. 그는 반갑게 나를 맞이하고는 잠시 볼일 다녀올테니 가게좀 지키고 있어—하고 나간 사이 진열대에 찹살모찌가 있었다. 그걸 하나 먹고 또 먹고 또, 또하다 보니 다 없어진게 아닌가? 그도 그럴 수 밖에 없는게 어찌나 식욕이 땡기는지 참을 수가 없었다. 임종철 가게주인이 돌아왔다.

찹쌀모찌 없어진 것을 보고 얼마나 놀라는지… 그걸 다 먹었냐고 야단이 났었다. 미안—

## ■ 고향마을 출신 '정석'이 형과 같은 부대 근무

우리 3관구사령부 군악대에 고향 정의고을 출신인 이웃형 변정석 중사가 있었다.

그때 그 형은 나도 잘 아는 이웃동네 아가씨 송절자와 혼인하고 대전 용두동에서 신혼살림을 차려 놓았을 때다. 일과가 끝나면 그 형네집을 찾아가서 함께 놀다오기도 했었다. 그때 부관부 인사과에 근무할 때는 한참 물이 오른 싱그러운 나이에 여군들의 인기도 한 몸에 지녔었다. 우리 사무실에서 정문까지는 150m정도의 거리인데, 그 중간 지점에 여군소대 막사가 있어서 그들은 사무실 행정지원요원과 교환병요원으로 나뉘어 근무를 한다. 휴식시간에는 주로 통신병(남자)과 교환병(여군)이 함께 여군소대 정원에서 배구시합을 하다가 내가 걸어서 정문 쪽으로 향해 가는 길목에 그들의 앞을 지날때면 여군들이 나를 쳐다보노라고 배구시합이 일시 중단될 정도로 인기가 좋았다. 같은 사무실에 근무하던 사병계 윤화중 하사, 병력계 김광수 하사, 다 멋있고 사람들이 훌륭했고 대인관계도 아주 통달할 정도로 능숙한 재능들을 가진 사람들이었다. 거기에 비유한다면 나는 아주 순박한 촌색씨 같은 재주부릴 줄을 몰랐다. 윤하사는 경부선 열차를 타고 올라가다 조치원을 지나면 "전의역"이 나온다. 바로 그곳 사람인데 그때 헤어진 후 한번도 본일은 없지만 기찻길에서 전의역을 통과 할때면 꼭 윤화중씨를 생각한다. 지금 어디서 무엇을 하고 살고 있을까 말이다. 그러던 어느날 전후방 교류계획이 상급사령부에서 떨어졌다. 3보충대(강원춘천)로 가야한다.

## ■전 · 후방 교류계획(전방근무로)

그동안 정든 3관구사령부를 뒤로하고 강원도로 올라갔다. 이때를 같이해 사랑하던 사람과도 멀어져 버렸다.

3보충대에서 3박 4일 대기중 12사단 89포병대대로 가서 대대인사과 서무계 일을 보았다. 전방근무는 처음이라 부대주변에 민가는 없고 사방이 첩첩산들만 빼곡히 둘러져 있다.

야간에 내무반을 나와서 용변을 보는 시간에는 개구리 때 울음소리만이 요란하다. 민가의 등불은 하나도 안보인다. 도저히 발붙일 수 없을 정도로 정이 들지 않는다.

수심에 차 있었다. 그런데 이 부대에 온지 일요일 한 번 넘긴 2주일 만에 1군사령부로 전속발령이 난 것이다. 알고보니 내가 3관구사령부 부관부에 있었을 때 우리 보좌관 김종환 소령께서 1군사령부 부관부 충원계장으로 있으면서 나를 데려간 것이다. 나는 깜짝 놀랐다. 어떻게 이 분이 나를 이렇게 곱게 봐주셨던가. 도무지 이해가 안간다. 아무튼 고마운 분이다. 보직도 충원계로 들어갔다. 충원계가 하는 일은 전후방 교류와 카투샤 보내는 충원지시를 짜는 곳이다. 그 시절에는 속된 표현으로 센자리였다. 인원을 이리저리 보내는 곳이니까. 1군사령부에 있는 동안에는 9내무반장을 맡아보았다. 본사 우리 중대장 박재환 대위가 내무교육차 중대원 전원을 집합시킨 자리에서 한자로 된 교재를 하필이면 나를 지목해서 대표로 큰소리로 읽어주란다. 전 중대원은 또 열심히 경청해 주었다. 충원계장 김종환 소령이 중령진급하고 28사단 부관참모로 전속되어 가면서 또 나를 데리고 갔다. 여기에서 남보다 훨씬 빨리 그 어려운 중사진급을 시켜주는게 아닌가? 하사로 60개월 정체는 보통인 시절에 나는 하사 34개월만에 조기 진급하였으니 큰 은혜를 입은 것이다.

## ■ '사랑하는 사람과의 재회!'하는 계기

그때 사단 부관부 상벌계원 김원웅 상병이 전주 출신이었다. 마침 휴가가는 길에 한 번 찾아봐 달라면서 헛일삼아 내 사랑하던 사람의 언니의 가게를 알려주었다. 김상병이 휴가를 마치고 귀대하면서 반가운 소식을 가지고 온 것이 아닌가. 지금도 언니네 집에 있더라는 거요. 바로 내가 편지 연락을 했다. 내가 있는 부대 주소도 알려주고… 우리는 이렇게 해서 2~3년간 헤어졌다 재회의 기쁨을 누린 것이다.

## ■ 결혼 / 신혼 살림 시작

28사단 양평시절에 사령부 바로 뒤편에 있는 “능말”에서 신혼 살림을 차렸는데, 초가집 방 1칸, 부엌이라야 허리 굽히고 들어갈 정도의 좁은 공간에 찬장은 사과상자 1개, 양평시장에 가서 쇠국자 1개, 식기, 수저 등 사온 것이 고작이다. 그래도 그 동네 사람들의 관심과 사랑을 받으며 재미있는 생활을 하였다.

뒷동산 잔디밭에서 잔대를 캐고, 벼이삭 무르익을 무렵 메뚜기를 잡고, 앞에 흐르는 강물에 발을 담그고 낚시도 즐기며….

## ■ 태몽?

푸른 야산에서 내려오면 맑고 고운 개울물이 흐르는데 사슴 두 마리가 사이 좋게 내려와 물 먹는 꿈을 꿨는데 그것이 태몽이었나? 그곳에서 첫 아이 영조가 생겼는데 입덧이 너무 심하고 빈혈끼도 있었다.

그래도 우리는 인덕이 있는 편이라 주인 아주머니가 새까만 갯떡을 자주 해 주셔서 그걸 쪼개어 먹으며 입덧을 극복했다.

그때 나를 그토록 돌봐주던 사단 부관참모 김종환 중령이 이제 육군본부로 떠났다. 그는 나를 카투샤 요원으로 부평에 있는 중앙보충대로 발령해 놓고 카투샤에서 원복하는 형식으로 해서 나를 육군본부로 끌어갔다.

전방에 가면 일정기간 정체해야 하는 기한이 있는데 나의 경우 전방간지 얼마 안된 상황이라 그런 편법을 이용한 것이다.

보직은 부관감실 행정실 인사반에서 일을 하였다. 우리 인사반장 김태중 대위는 엽총을 가지고 주로 뜸북이 사냥을 잘해서 감님에게 뜸뿍이를 잡아 올리고 아주 좋은 취미를 가지고 있는 사람이다.

## ■ 육군본부에 입성 / 서울로 이사하다

이제 양평 능말에서 육군본부가 있는 서울로 이사를 가야 할 판이다. 서둘러 짐을 꾸리고 양평역 기차편에 수하물로 붙이고 청량리역에서 짐을 찾았는데 손수레 1대분이다. 입주한 곳은 동대문구 전농동 굴다리 막 지난 곳인데 역시 방1칸에 작으마한 부엌이 붙은 그래도 기와 올린 단독 주택에 세를 든 것이다. 어느날의 일이었다. 해가 바뀌고 새 봄이 찾아들 무렵, 육군 본부에 근무하는 고향 제주출신 고대령님이 나를 찾는다. 내 첫사랑의 친척 아저씨로 기억되는데 '○○'가 서울에 와 있는데 만나보고 싶어한다는 거요.

순간 내 가슴 설레임은 말로 표현할 수 없을 만큼 나가 보고 싶지만, 이미 서울 생활이 시작되어 첫 애가 곧 분만할 시기가 돌아오니 어쩔 도리가 없어 한참 동안 갈등을 지울 수가 없었다. 못나가 보는 마음이 아프기도 하고 그에게 미안함은 이루 말할 수가 없었다. 정말 미안하다. 그보다도 훨씬 이전의 옛날에 우리 어머니가 그의 집에 찾아가서 던진 가혹한 한 두마디, 나도 그 후로 누구를 통해 알게 되었지만 그건 말도 안돼…. 정말 미안해! 대신 내가 사랑한다는 생각으로 평생을 살아왔지… 그날 이후 언제인가 휴가중 서귀포 언니네 집에 있다는 소식듣고 초저녁에 물어물어 그곳에 찾아갔는데 창문에 비친 그림자를 보고도 불러보지 못하고 돌아서는 아픔도 겪었거든… 모두 다 용서해 주기를 바랄 뿐이다.

그래서 탄생한 노래가 "첫사랑 비바리"와 "달과 별"이다.

## ■ 첫아이 탄생!

그 해 4월 8일 산기가 돌지만 병원 갈 생각은 아예 하지 않고, 이웃 조산원의 도움을 받아 첫 아들을 순산했다. 그때만 해도 교통이 엄청 불편해서 제주도에서 어머니가, 처갓집에서 장모님이 올라와 산후 조리 해 주시기란 꿈같은 이야기였다.

애 낳고 바로 수도도 아닌 작도물 푸며 그 이른 봄비 맞으며 빨래를 하니 산후통으로 건강이 여간 나빠진게 아니다. 그 무렵 미국의 케네디 대통령이 암살당한 보도가 한참 나올 때였다.

산후 통이 뭔지 몰랐었는데 보통 힘든 일이 아니었다. 손발, 무릎이 시려 삼복더위에 솜이불을 덮어도 시리고 찬데, 산모는 홋날 깡마르고 눈이 푹 들어가 그때 카메라에 잡힌 모습을 보면 귀신이지 사람이 아니다. 그 무렵 내 남동생 인숙이가 해병대에 복무할 때인데 휴가나와 집에 들르면 빨래해서 입히기도 하고 매형 만선씨는 근처에 왔다가 그냥 돌아가기도 했었다.

## 장교지원해! 김재명 사령관의 엄명

장교지원해! 김재명 사령관의 엄명이 떨어졌다. 옛날의 3관구사령부로(2성장군의 수행원이 되다)….

김종환 중령이 자신의 생활 근거지인 대전 3관구사령부 부관참모로 내려가고 그 뒤 나를 2군 사령부와 협의해 806공병 정비중대로 일단 전속 조치해 놓고, 얼마 안있다가 3관구사령부로 나를 끌어간 것이다. 여기에는 이유가 있었다. 육사 2기로 박정희 대통과 동기인 사령관 김재명 장군이 행정능력 있는 수행요원으로 하사관 1명을 요구하는데, 일자는 지연되고 적임자가 발견되지 않는 것이다. 그래서 할 수 없이 나를 사령관에 인연을 맺어 준 것이다. 그 당시만 해도 통신 환경이 열악해서 각자 어느 누구든 의사소통은 서신을 주로 이용할 때였다.

수신 당사자의 형태별 계층에 따른 문귀도 다양하기 때문에 비교적 문장력도 요구되는 상황이어서, 나는 사령관의 한눈에 맞아 들어 간 것이다.

그때의 김종환 중령이 정년 전역하고, 이제 나이 70이 넘어서 하는 말이 「그때 너 같은 놈을 아무리 찾아봐도 발견할 수가 없었는데 사령관 김재명 장군은 늘 독촉하지 정말이지 눈물을 머금고 너를 사령관에게 내어주었었다」는 옛말을 들려주었다.

정말 아름답고 정다우면서 흐뭇한 장면이 연출되는 순간으로 단둘이서 마주 앉아 소주잔을 기운다.

그래서 나는 사령관실 즉 2성장군의 부속실에서 근무하기 시작한 지 상당한 세월이 흐르고 있었는데 부관부 인사과 민경호 중사가 사관모집이 있다면서 지원하라는 거요. 그런데 나는 사령관실에 있다보니까 헌병경호장교 김중위가 늘 사령관 경호를 위해 올라와 같이 있었는데 내눈에 이제 무슨 "소위"한다고 지원하느냐고 회피하는 낌새를 알아차린 사령관께서 부르시더니 눈을 무섭게 번뜩이며 장교 지원해! 꼼짝 못하고 예… 하겠습니다. 소위임관하면 사령관님 헌병장교로 보내주십시오. 안돼! 보다 넓은 물에서 (야전군으로 크게 발전가능성을 놓고) 너는 "보병"으로 가야돼…. 아무 말도 못하고 사령관의 말에 순종할 수 밖에 없었다. 그래서 그때 사관모집에 응시해서 감찰부 허삼기 중사와 함께 날계란 10개씩 먹어 체중을 늘리면서 신체검사를 받은 일도 있다. 합격이 되어 나는 특간 2기로 보병학교에 입교했다.

### ■ 사관후보생과 장교임관

교육기간 중에 사령관 김재명 장군이 사령관 직함이 새겨진 봉투에 용돈을 넣어보내 주시면서 격려도 해 주었다.

교육기간 중에는 일반학, 군사학에서의 전술전기 연마, 유격훈련, 야간산악훈련, 특공무술 숙달 등 이건 용광로에 쇳물 녹이 듯 완전히 사람을 용광로에 넣어서 새로이 뽑아내는 그러한 과정이었다. 그야말로 초능력을 가진 인간으로 새로 구워 낸 것이다. 군사지식과 정신력과 체력과 담력이 수천배로 향상되는 느낌으로 1966년 12월 31일 동기생 890명이 같은 날, 같은 시간, 같은 장소에서 육군소위로의 임관식이 거행되고 대통령이 주는 임관사령장(任官司令狀)을 받고 장교가 된 것이다. 하루 전에 대전에서 찾아내려 온 사랑하는 아내가 육군소위의 계급장을 두 어깨에 달아주었다. 오랜만의 해후였다. 그때 둘째 아이 영민이가 탄생하였다.

■ 장교임관 이후 행적? 최초 부대배치(초임 소대장!)

열흘간의 휴가기간을 가지고 2사단으로 배치되었다. 함께 간 동기생 40명이 사단장 신고가 끝나자 바로 나는 동기생 10명과 함께 17연대로 분류되었다. 그러니까 각 연대 공히 10명씩 배치된 셈이다. 연대에는 저녁 무렵 도착을 했는데 연대 인사과에서 인사장교 권승찬 소위가 경리장교 김종태 소위와 같이 손에 장교수첩을 가지고 우리 앞에 나타난 것이다.

인사장교 권소위가 친절한 안내를 하면서 앞에 있는 동기생 10명 중 유독 나에 대한 관심을 보였다. 나는 1대대 1중대 2소대장을, 함께간 이연기 소위는 1소대장을 하게 되었다. 말단 지휘자인 소대장은 최소 1년 이상을 해야 하는데, 나는 6개월만에 연대 인사과로 발탁된 것이다. 인사장교란 자리도 원래 정원상 중위급 자리인데 권소위는 연대장의 신임이 두터워 상위직위에 근무하고 있었는데, 권소위가 연대장에게 특별히 건의해서 인사가 이루어진 것으로 생각한다. 이 때 권소위는 갑종 190기로 후일 3성 장군이 되어 군 생활을 마감했다.

소대장 부임 3개월만에 대대종합훈련을 하였는데, 나는 그때 사단장 표창을 받았다. 소대장 3개월에 꿈도 꿀 수 없는 행운이었다. 휴가를 1주일간 다녀오는 길에 가평에 있는 1군단 사령부에 들려 참모장 신봉균(육사 8기) 준장에게 부탁을 드렸다. 월남전투에 참가할 수 있는 기회를 만들어 주시라고….

왜냐하면, 군인이라면 전투경험은 있어야 되는 것 아니냐는 생각을 늘 가지고 있었다.

## ■ 대 간첩작전 출동

부대 복귀와 동시에 대 간첩작전 출동준비를 하였다. 그 시절만 해도 무장공비가 준동할 때라 결국 강원도 인제군 기린면 일대로 대 간첩작전을 나갔다.

우리는 1대대 1중대이므로 제일 깊숙이 들어가 양양쪽으로 향하는 길목 소나드리에 배치되었다. 그곳에서 야간 방어를 위한 교통호를 열심히 구축하고 있는 어느 날, 무전이 날아온 것이다. 대대장이 하필이면 제일 멀리 떨어져 있는 우리 소대에서 점심식사를 한다는 거요.

현지에서 반찬거리를 조달하고 식사준비를 정성들여했는데, 마침 대대장이 도착해 중대장과 함께 식사를 하는데 대대장이 아주 맛있다고 많이 드시고는 정말 잘먹었다고 하는데는 어찌나 기분이 좋았는지 모른다. 대대장이 나를 좋아하는 까닭이 있다.

영내에 있을 때 그러니까 소대장 부임초에 병사들의 안방격인 내무반 환경이 어둠침침하고 정을 별로 못 붙이는 것 같았다. 소대장으로서 소대원을 잘 먹이고 잘재워야 한다는 사명감을 가지고 내무환경 개선에 남다른 열정을 쏟았다. 밝은 색으로 내부를 도색하는 것은 물론이고 관물정돈대 명찰도 일일이 내가 직접써서 붙였고, 천정에는 분대표지판이 곱게 써서 매달려 있고 이제는 병사들이 내무반 분위기에 맞춰 표정들도 밝아졌다. 이 소문이 퍼져 나가자 대대장 김영하 중령이 현장을 와서보고 야! 이거 원 백화점 같구나라며 소대장을 칭찬한다. 대대장이 가고 나서 중대내 각 소대는 물론 타 대대로까지 번져 연대 전체 지휘관들이 관람하고 가서 결국 우리 내무반을 표준모델로 해서 연대 전체를 통일시켰다.

## ■ 월남전투를 위해 정든 부대를 떠나

이야기가 다른 곳으로 흘렀다. 대 간첩작전 현장에서 월남전 파병 명령을 받았다. 소대원들을 집합시키고 "소대장은 이제 너희들과 정든 작별을 하고 월남으로 간다고 하는 첫마디에 일순간 울음바다로 변했다."

그도 그럴것이 군! 하면 딱딱하고 투박한 말투가 오가는 삭막함이 아니고, 나는 원래 내가 지니고 있는 어질고 인정많은 내 개인의 인간적인 특성을 살려 정말이지 소대원 한사람 한사람을 정성들여 보살펴 주면서 정으로 화합하고, 일단 소대장이 뭐하자!고 하면 즐거운 마음으로 소대원들이 적극적으로 따라주는 상하간 좋은 관계를 유지했었기에 소대원도 울고 소대장인 나도 울며 작별을 고했다.

소대장 전령(강후식 일병)을 데리고 연대본부로 7~80리 길을 걷는데도 마침 비가 온 끝이라 강원도 특유의 산골짜기 맑은 계곡이 범람해서 다리를 걷어올리고 개울을 건너면서 몇 시간을 걸려 부대기지에 도착했다.

### ■ 파월준비 및 수속

강원도 화천군 오음리에는 파월장병의 수속절차와 유격훈련 등의 필요에 의해 급조된 7보충단이 있었는데 육본 인사명령대로 그곳에 도착했다. 그곳에서 유격훈련 2주간 받고 월남현지의 역사적 배경과 환경조건 그리고 전장성격 등 많은 사전교육을 받았다.

막상 갈날이 다가오니 나도 인간이기에 두렵고 살아올 수 없을 것만 같은 공포심이 엄습해 온다. 왜냐하면 우리 한국전쟁 6·25 때 선배들의 전투 경험담을 떠올리지 않을 수 없다. 적군이 총을 쏘면 그 탄알은 소위~ 소위~하며 소위의 이마를 찾아와 들이박힌 다는 말이 결코 헛된 이야기가 아니다. 소대원 40명을 거느리고 맨 앞에 나서 진두지휘해야 하니 동굴을 수색해도 맨 먼저 들어가야 하니 말이다.

### ■ 월남을 향한 일정돌입 / 가족과의 작별이 가장 가슴아파

드디어 월남을 향한 일정이 시작된다.

일정거리를 행군하고 트럭에 올라 춘천역으로 향했다. 춘천역에 도착할 때는 이미 날이 저물어 갈 무렵이었다. 저녁 7시에 열차편으로 출발하는데, 모두들 백마부대가의 군가를 군악대 연주에 맞춰 원기 있게 합창하고 있었다. 그렇지만 내 마음엔 어두운 그림자가 깔린 듯 우울한 기분이었다.

열차는 달려 자정쯤에 대전역에 다달았다. 3관구사령부에서 군악대가 그 지방 유지와 군부대 전 지휘관, 참모들이 나온 가운데 연주하는 동안 열차가 지체했다. 그 시간 내가 통과하는 것을 어떻게 알고 3살된 아들 영조와 둘째 영민이를 뱃속에 담고 만삭이 된 내 사랑스런 아내가 나와 있는게 아닌가? 열차에서 뛰어내려 포옹했더니 삼배로 만든 런닝, 팬티, 그리고 인삼가루를 내게 전해 주는데 정말 내 가슴이 찢기듯 아팠다. 서로 눈물을 흘렸다.

보나마나 고향제주에서 누구하나 올라와 산후를 돌보아 줄 환경이 아니였으니 타향에서 저 혼자 출산할 생각을 하니 더 더욱 가슴이 아팠다.

그저 나를 떠나 보낸 후 아내와 영조, 그리고 뱃속의 영민이는 어떻게 하고 있을까? 라는 생각이 머릿속을 떠나지 않는다.

새벽녘 기적소리와 함께 부산역에 도착하여 아침 9시경? 부산 3부두로 이동하여 2차대전 때 사용하던 미 퇴역함정 '가이거호'에 승선하였는데 배가 엄청컸다. 9층짜리 함선이니 상상도….

## ■ 부산항 제3부두를 떠나(15일간의 함상생활)

드디어 출항하는 신호로 뱃고동을 울린다. 오륙도를 지날 무렵 눈물을 얼마나 흘렸던지 나는 도대체 살아돌아 올 것 같지가 않다.

아내의 뱃속에 들어 있는 아이가 유복자가 될 수 있단 말인가?

대만 앞을 통과할 무렵 선실방송이 나온다. 시계 바늘을 1시간 늦추라고….

갑판에 나와서 배가 가르는 바닷물살을 보노라면 새처럼 날아가는 물고기도 보였다. 그래도 장교선실은 환경이 매우 좋았다. 무조건 침대에 드러누워 시간을 보내며 잠도자고 좀 있으면 흑인 병사가 하얀 취사모와 가운을 입고 두부 장수처럼 종을 울리고 다닌다. 식사하라는 신호다. 장교클럽에서 식사하고 사과 1개를 손에 들고 휴게실에 가면 영화도 상영한다. 영화관람 후 축구장과 배구장 등 운동장 시설을 구경하고, 식사하고 와서 들어누워 있으면 바로 또 식사 시간이 늘 반복되는 동안에 항해 15일 만에 월남 나트랑 항에 도착 닻을 내린다. 15일 동안을 바다에 떠 있었다.

### ■ 백마부대 도착(29연대 수색중에 소대장)

백마사단 사령부에서 나온 군용 버스에 나눠어 타고 백마부대 주둔지인 닌호아로 향했다. 사단장 박현식 장군에게 신고를 하고 나는 사단 사령부 바로 옆에 있는 29전투단으로 배치되었다.

연대장은 홍상운 대령, 부연대장은 윤대영 중령이었는데 부연대장 윤중령은 제주고향출신이었다. 소총소대장으로 가는 것 보다 차라리 백마부대 전투지경의 최남단 독립기지인 수색중대로 가라고 배려해 주었다. 바로 전투차량편에 중대에 부임했는데 1소대장은 조일우 중위였고, 내가 맡은 2소대장은 이미 귀국해서 공석중이었다. 중대장은 갑종출신으로 김평곤 대위였는데 전투욕이 대단한 사람이었다. 2소대장인 내 숙소는 시멘콘크리로 아주 두껍게 축조된 견고한 벙커였다.

이 시설은 프랑스군이 진주했을 때 축조된 것이란다.

## ■ 매복작전부터 전투행위 돌입

부임한 바로 다음 날부터 야간 매복작전에 투입되는데 우리 중대는 2개소대이니 1소대와 격일제로 1개 소대는 기지경계, 1개 소대는 야간 매복작전을 해야 했다. 어느 하루는 중대기지와 자매마을인 인근 '푸후'마을까지 진입 도로정찰 임무를 수행중 3/4톤 차량을 이용, 병사들은 지뢰 탐지기를 휴대하고 군장을 꾸린 상태로 탑승하고 있었다.

중대기지에서 나트랑 방향으로 1번 도로를 따라 내려 가다가 '푸후'마을로 막 꺾어 진입하려는데 마을 어귀에 푸후마을 촌장이 대기하고 있었다. 지방 유지인 촌장(면장)이상 공직자들은 베트콩의 테러 때문에 그 마을에 있는 자기집에서 못 자고 닌호아나 아니면 다른 소도시 지역에서 숙박하고 아침이면 출근하는 형식이었다.

## ■ 자매마을 촌장 사망현장에서

나는 소대장으로서 당연히 차량 선임탑승석 즉 운전대 바로 옆 우측자리에 앉아서 가다가 그 촌장을 보는 순간 차를 정지시키고 하차하고는 정중하게 예를 갖추고 촌장님! 앞좌석에 타시지요. 라고 말을 건넨 다음 나는 병사들이 탄 차량을 서서히 운전해서 나를 따라오라며 도보로 앞에서 이동, 철길을 건너 돌아가는 길을 지나 한 50여m를 갔나?

그 순간 내 뒤에서 쿵쾅하는 굉장한 폭음이 울렸다. 돌아다 보니 우리 병사들을 실은 차량이 공중에 뜨면서 왼쪽 배수로로 쳐박혀 걸쳐져 있고, 타이어가 터져 쪼개지면서 공중으로 떴다 떨어지면서 탁탁 튕기면서 이리저리로 굴러 뒹구는 것이다.

그리고 주위에는 연기가 자욱해서 도무지 바로 분간해서 볼 수가 없었다. 접근해 보았다. 우리 병사들 수십 명은 전원 밖으로 쏟아져 구르며 제각기 아프다고 난리고, 어떤 병사는 숨을 죽이고 죽은 듯이 꼼짝도 않고 있어서 죽었나 하고 가슴에 손을 대어보니 호흡은 하고 있었다.

죽지는 않았구나 하며 안도했는데 다행히 다친 병사도 죽은 병사도 없었다. 그런데 이게 왠일인가? 내가 마을 어귀에서 자리를 양보하고 대신 내 자리에 태워드렸던 '푸후'마을 촌장이 오른쪽 앞바퀴 밑 사이에 누워있었는데(처음에는 청바지만 보여 직감적으로 촌장이라 생각) 공교롭게 파리 날개쭉지가 빠진 형태로 네 팔다리가 다 짤라졌고, 눈썹에도 먼지가 덮혀져 그래도 살아서 눈을 깜빡깜빡하고 있었다.

마을에서 딸 등 가족들이 와서 그 아침에 통곡을 하는데 산 메아리가 울리고 차마 인간의 눈으로는 못 봐 주겠더라. 이 때 소대장인 내 심정은 어떠 했겠는가? 국내에서 이런 정도의 사고면 바로 해임되고 군법회의 감이다.

그런 사고 관념에서 나는 이제 끝이 났다고 생각하며 중대 본부로 상황 보고를 했다. 수분 내 다스토프(적십자표기 병원헬기)

가 날아왔다.

이내 촌장을 싣고 나트랑에 있는 우리군의 이동 외과병원으로 후송하였는데, 사고현장에는 사단장, 연대장이 헬기로 날아오고 사단 인사참모, 연대 인사주임, 관계 기관(수사, 정보)원들이 다녀갔다. 우리는 철수하고 부대 복귀했다.

내 숙소인 벙커에서 세면하고 있는데 시누크 헬기가 사고 차량을 매달고 내 머리 위를 지나갔다. 그 이후 일체 내 신상에 관한 시비는 없이 깨끗했다. 역시 전쟁터였다.

## ■ 긴박했던 상황에서 한 숨 돌리고

전투상황에서는 인명이나 장비 손실이 있어도 정상 참작이 되는 것으로 본국에서와는 상황이 달랐다. 그때 그 차량은 왜 폭파되었는가? 하면 베트공들이 밤사이에 차량이 왕래하는 차도에 부비츄렙을 매설해 놓은 위로 오른 쪽 촌장이 탄 자리 바로 밑 앞바퀴가 그 폭발물에 압력을 가해서 일어난 것이다.

인간의 운명은 따로 있음을 실감했다. 체험을 한 것이다. 그 촌장만 없었더라면 나는 변함 없이 앞좌석에 앉아 있었을 것이 아닌가?

또 한편으로는 그 촌장을 예우하고 양보하는 착하고 어진 마음이 있었기에 내가 살아 난 것이 아닌가 싶어, 평생 사람을 미워하지 않고 좋은 마음을 가지고 살아야겠다는 마음을 다지는 계기가 되었다. 그 이후 나는, 사람이 사람을 괴롭히는 것 그것이 바로 적이라 생각하고 있다.

### ■ 닌호아 1호 작전(시가전) 투입

중대기지에서 내가 있는 벙커에서 밤에 나와 보면, 닌호아 상공에 헬기가 철야 조명을 터뜨리고 있는 것으로 보아 상황이 심상치가 않다는 것을 느끼게 된다. 그것도 3일간 계속되고 있으니 말이다. 2대대 6중대가 거의 전멸했다는 상황도 들어온다. 2대대장은 송석우 중령으로 제주출신이다. 이 전투에서 그가 전사했다. 한국군 파월사상 최악의 전투손실로 굴욕적인 전투상황이었다고도 한다.

그런 와중에 우리 소대는 월남의 1번도로 상의 교량중 지도에 나타나 있지 않은 교량을 파악하는 임무를 띈 명령을 받고 출동, 작전 중이었는데 교량파악 임무도 보통 위험한게 아니다. 왜냐하면 베트공들이 교량 진입로 등 주위 곳곳에 부비츄렙을 설치해 놓기 때문에 그렇다.

절반정도의 임무를 수행한 시점에 중대 기지로부터 긴급명령이 날아왔다. 교량파악을 중단하고 급히 기지로 복귀하라는 것이다. 예감은 무시 못한다. 아! 우리를 고전하는 최악의 닌호아 작전에 투입하려는가 보다란 예감이 들었다.

서둘러 차량을 돌리고 전 속력을 내어 기지로 돌아왔다. 이미 헬기장에 야전삽 등 전투장비를 중대 인사계가 쌓아놓고 우리를 맞이했다. 수분 후 작전용 헬기 UH-10기 1대 날아와 앉는다. 먼저 선발대를 인솔하고 소대장인 내가 헬기에 탑승, 이륙하였다. 얼마안가 착륙한 곳은 인접한 미 8인치포 대대 헬기장이었다. 그 헬기가 몇 차례 왕복으로 우리 소대원 40명을 모두 소대장이 있는 곳에 모였다. 얼마 후 연대 작전주임 김행복 소령(육사 13기)이 지도(상황판)를 가지고 헬기로 날아왔다.

작전명령을 하달하러 온 것이다.

2대대 6중대가 최대의 손실을 본 가장 취약한 지역에 우리 수색소대를 투입하는 명령이다. 그 곳에서 우선 소대원들에게 전투식량으로 점심식사를 시켰다.

우리는 2½톤 트럭에 탑승, 1번 도로 상에 있는 어느 교량지점에 하차하고 바로 가슴까지 차는 하천에 몸을 담그고 그 수로를 따라 은밀하게 전투지역으로 이동해 가고 있었다.

철로에 접근해서 폭이 50m정도 길이의 철교를 통과해야 하는데, 순간 기지를 발휘해서 소대선임하사관 이순형 중사를 먼저 통과시키고 교량 끝에 위치해서 교량을 통과해 간 대원들의 질서유지 책임을 부여했다.

소대장은 교량 출발점에 위치하여 병사 한사람씩 출발을 통제하고 마지막으로 소대장과 전령이 신속하게 통과했다. 소대원의 절반은 선임하사관 반, 절반은 소대장 반으로 나뉘어 지휘통제를 하면서 철로를 따라 전투 지역으로 접근해 가는데, 좌측 철둑에서 따쿵!하고 총알이 날아와 소대원은 좌측철둑으로 붙었다. 또 반대편 철둑 우측에서 따쿵! 하고 총알이 날아왔다. 완전히 우리들의 넋을 빼놓는다. 우리의 전투행위를 교란하고 있는 것이다.

양측면을 경계하면서 소대전진! 소대장은 척후병 김용배 병장과 함께 소대 최전면에서 적정을 살피면서 은밀히 전진해 가는데 소총의 노리쇠 소리가 "찰칵"하고 들린 후 고요한 순간이다.

■ 첫 교전으로 불 붙어(사격개시!)

게릴라 전에 능한 베트공의 위치 대나무 밭을 향해 집중 사격 명령을 내렸다. 이 때 적과의 거리는 15m정도? 논둑에 기대어 교전이 벌어졌는데, 애간장 다 타 생커피에 소금물을 탄 프라스틱 수통 2개를 허리에 차고 있었는데 순식간에 다 마셔 버렸다. 그것도 모자라 대원들과 적이 한참 불붙듯 치열한 교전을 하는 가운데도 M16소총을 논둑에 얹혀놓고 뒤로 휙 돌아서서 둑에 기대어 무전기를 맨 전령으로부터 윈스턴 담배(C-레이숀에 4개피들이) 1개피를 받아 입에 물고 다피우는 등 긴박한 전투간에도 이런 여유와 낭만이 있었다. 정말 이런 재미로 전투하는 맛이 있었다. 이 전투에서 김일병은 파월 1주일 만에 가슴에 총상을 입어 둑위에 몸을 돌려 적방향으로 가슴을 노출시키고 하늘을 쳐다보는 형상으로 둑에 걸쳐 있는데, 그를 구제할 때를 노리고 총을 겨누고 있을게 뻔한데 박병장이 재빠르게 위험을 무릅쓰고 달려들어 김일병의 몸을 일으키는데 소대원은 적방향으로 집중사격을 가해 베트공들이 고개를 못쳐들게 하여 결국 김일병을 구출하고 다스토프를 요청, 후송시켰다.

다행하게도 그 이상의 손실은 없었다. 잠

시 후 철로상의 소규모 역사(驛舍)로 베트공 5~6명이 급히 뛰어 들어 가는 것이 목격, 선임하사관이 무모하게 공격해 들어가는 것을 제지하고 M79유탄발사기 사수로 하여금 제압토록 해 처치하는 데 성공하였다. 또다시 전면에서 접근해 오는 적을 향해 선임하사관 이중사가 단신 쳐들어가는 것을 간신히 제지하고 있었다.

## ■ 2대대 8중대의 무모한 전투행위로 피해 속출

날은 저물어가고 우리 소대는 일단 적정을 살피면서 야간 매복으로 전환해가는 데, 부산에서 파월선을 함께 탄 파월동기 강이랑 중위(2대대 8중대 소대장)가 적정도 안 살피고 무모하게 소대원을 지휘, 공격 앞으로 쳐들어가더니 불과 10여분도 안되어 전투병들이 너도나도 어깨동무하고 절뚝거리며 피를 흘리고 후퇴해 나오는데 내 옆에는 시체 한구가 끌려와 있었다.

10여 분전에 공격해 들어 갔다 순식간에 죽어 나온자인데 철모에 하사계급장이 붙어 있고 혈액이 다 빠져서 온몸이 백지장처럼 하얗게 누워있는데, 그 뒤로 연이어 후퇴해 나오는 병사들마다 군화발로 그 시체 머리 부분을 걷어차며 지나간다. 옆에 있던 동료 하사가 너! 왜 그래…. 그건 베트공이 아니고 우리 홍하사야! 라는 소리와 함께 그 시체를 끌어안고 볼을 맞대어 비비며 통곡하는 전우애가….

## ■ 야간 매복작전 돌입 / 여명공격 명령하달

우리 소대는 중대장 지휘하에 논밭 개울물을 연해 베트공의 탈

주로를 브로킹하는 야간 매복으로 전환, 개울물 속에 몸을 담그고 밤을 지내는데 자정 쯤 중대장의 무전이 날아왔다.

소대장 소집, 작전명령 하달… 06:00를 기해 월남군과 합동으로 공격개시하여 베트공 소탕을 위한 시가지 작전에 돌입한다. 날이 밝아온다.

공격개시초 개활지를 통과하기 위해 전진도중, 고요한 아침 거리 200m지점의 가옥 대문 앞에 개 한 마리가 처량하게 짖어대는데, 각 분대 M79 유탄 발사기 사수로 하여금 그 가옥에 집중 발사하면서 신속히 부락에 침투해 가는데 철조망으로 된 울타리에 바지가랭이가 걸려 신속히 넘어갈 수가 없어 순간적으로 매우 당황한 일이 있었지만, 넘어가자마자 그 집의 웅덩이 똥물에 풍덩 몸을 담그고 머리만 내놓고 관망하고 있는데 새까만 돼지가 툭~ 튀어나올 때 으쓱하니 베트공인줄 알고 긴장감이 돌았고, 장독대에 귤나무가 있었는데 아직 익지 않고 새파란 귤 7~8개를 연달아 따먹었는데 먹을때는 시원한데 다 먹고난 다음에는 가슴이 쓰리고 고통스러웠다.

그래도 긴박감에 애간장이 타서 등으로 야자나무 밑으로 기어가 M16소총으로 야자열매를 쏴 터뜨리고 거기서 흘러 떨어지는 물을 누운자세에서 받아먹는 낭만도 있었다.

이 작전에서 베트공 대부분을 사살하고 우리 소대에서 생포한 포로 3명(남2, 여1)은 소대 향도 변하사가 인솔해 다녔는데 작전중 신속히 기동을 해야 할 상황에 도대체 행동이 완만해서 향도에게는 크게 부담스러운 존재였다.

소대향도 변하사가 이들을 죽여버립시다. 고 말할 때는 오죽했겠나만 안돼! 절대 죽이면 안돼… 살아있는 인명을 죽일 수는 없었다.

그런 이야기가 오가던 중 소대장의 M16소총이 오발! 변하사 발가락 사이를 총알이 지났다.

## ■ 세상 다 살았으니 나 잡아가시오

작전간 어느 독립가옥에 인기척이 나서 우리를 긴장시켰다. 접근해 보았더니 90세는 넘어 보이는 두 노인 부부가 실오라기 한 개도 안걸친 전라로 누워있었다.

주민들이 모두 소개되었지만 이 노인네들은 세상 다 살았으니 나 잡아가시오! 무서울게 없다는 모양이다. 정글지대로 접어들면 산닭이 날아다니고… 낮 12:00를 기해 작전은 상황이 종료되었다.

철수하는 길목에 사살된 베트공들의 시체를 보니까 코구멍과 눈, 귀, 입 구멍난 곳은 모두 파리가 우글거리고 혈액이 다 빠지니 백지장처럼 하얗고 배가 팅팅부어 올랐고 신발은 타이어를 쪼개 만든 슬리퍼를 신고 전투에 임했었다.

참호를 파고 바나나 나무로 기둥을 받쳐 그 속에서 총부리만 밖으로 내 놓고 조준사격하면서 우군에 피해를 입혔고, 실탄 난발 없이 1발 쏘면 1명 사살하는 식으로 탄약을 최대한 절약하던 것을 알 수가 있었다. 트럭이 우리들을 수송하기 위해 벌써와서 대기하고 있었다. 죽지 않고 살아서 작전에서 철수할 때의 기분 또한 세상에서 최상의 것이었다.

### ■ 월남인 사진관에서 사진 촬영 / 연대본부 작전과로 발탁

전령을 데리고 어느 건물 2층 월남인 사진관으로 올라가 사진 1장을 촬영했는데 젊은 청춘시절 이국땅 전선에서의 모습을 담아 지금도 앞으로도 영원한 기념이 될 것 같다.

기지에 돌아와 여유로움을 즐기고 있는 어느날 아침, 장교임관 동기생 이오면 소위가 다홀백을 들고 중대기지에 나타났다. 왠일이야? 홍인호와 교대한다! 그래? 생각지도 않았는데 나는 연대본부 작전과로 근무지가 옮겨지는데 이제 생명은 보장되는 것이다. 연대 본부 작전과에서 근무하는 1개월 동안 작전주임 김행복 소령(육사13기)이 나를 많이 귀엽게 봐주었다. 정찰 갈때도 꼭 나를 데리고 헬기를 타고… 하루는 사단 인사참모가 면담하러 오라고 연락이 왔다. 작전주임은 나를 안보내려고 하지만 상급 사령부의 지시라 거절하기에는 역부족이었다.

### ■ 사단사령부로 다시 발탁

나는 결국 사단 인사참모실에가 면담을 하였다. 사단 사령부 경비소대장으로 발령이나서 곧 사단사령부로 자리를 옮겨갔다. 그러나 실제는 사단 인사처 보임장교로 근무하게 되었다. 원래가 정원상 보병 대위직위인데 소위 계급장을 달고 있는 내가 감히 그 자리에 앉게 된 것이다.

그런데 부관참모 오용해 중령이 부관부 해정과장 정명용 대위를 인사처에 주고 대신 홍소위를 부관부로 바꿔서 찿이하기로 참모들끼리 협의가 되어서 결국 부관부 행정과에서 문서 통제장교로 앉았는데, 대위와 바꿀 정도로 소위인 내 몸 값이 비쌌던 모양이다. 사단 각 참모부에서 발송하는 문서는 내가 통제하였다. 문서규정에 적합성 여부, 서식과 규격 등 원칙대로 통제를 하고 매우 까다롭게 임무를 수행했다. 부관참모의 인정을 받아 승선분류장교역할까지 수행했었다.

## ■ 승선분류장교도 경험

인사과 사병계 선임하사관 이중사를 대동하고 헬기편으로 "캄란"으로 넘어간다. "캄란"에서 다시 C-54 공군기로 옮겨타고 당시 남북월남 분계지역에 가까운 "다낭"으로 날아가 그곳에서 1박하면 부산에서 새로 파월하는 병력을 싣고 오는 함정이 귀국할 청룡부대 해병을 싣기 위해 다낭항에 일시 입항한다.

그때 승선하면 승선분류장교실이 정해져 있는데, 행정요원은 새로 오는 병력중에서 골라 쓰고 사단예하 각 연대와 포병사령부 그리고 직할대로 분류하는 작업이다.

다낭에서 나트랑까지 18시간동안 항해하는 동안 이 작업은 끝이나고, 나트랑항에 도착하면 전원 하선해서 각자 분류된 대로 자기 소속대로 인솔해 가는 것이다. 마지막으로 "사이공"관광 겸 출장도 다녀왔다.

## ■ 1년만의 귀국길

드디어 월남의 임무가 다 끝나고 귀국의 길로 들어선다. 나트랑항에서 배에 승선하고 출항을 했는데, 선실내에서 육군본부 인사참모부에서 귀국장병 인사관리 방침에 관한 교육차 출장나온 중령이 있었는데 이게 왠일인가? 바로 우리 고향마을의 임홍대 중령이 아닌가? 나는 반가움에 달려가 파커 만년필 한 셋트를 선물로 드렸다. 홍인호 소위! 어디로 어떻게? 하고 염려를 해주는게 고마웠다. 그때 나는 오래동안 수행한 김재명 장군이 1군단장 재임시라 그곳으로 나를 데려가는 것으로 이미 알고 있었기 때문에 임중령의 부담은 덜었다.

역시 2주간의 항해 끝에 부산 3부두에 도착하여 9보충대를 거쳐 나는 곧바로 대전으로 가는데 열차안에 앉아 있으면서도 대전역에 닿는 시간이 어찌나 지루한지….

## ■ 가족의 품으로!

대전 둔산동 내 가족 있는 곳을 찾을 때는 저문시간, 4살난 아들 영조가 어떻게 알고 뛰쳐나와 아빠 아빠하며 달려들었다. 그놈을 데리고 집에 들어가서 보니 둘째 영민이가 벌써 제대로 앉아 커다란 사과 1개를 온 입에 넣으려고 한다.

그 이튿날 새벽 엄마가 유성에 목욕간 사이 내가 영민이를 보는데 얼마나 성질이 고약한지 한도 끝도 없이 울어재끼는데, 아주 혼이 났었다. 나도 없는데 아내가 그 놈을 혼자서 낳아 키우느라고 1년간의 노고가 말할 수 없었겠지….

## ■ 제1야전군 장교보충대(군사령관 한신 대장)

월남서 귀국하고 1군예하로 들어오는 장교들은 원주 치악산에서 2주간의 유격훈련을 받은 다음 임지로 부임하게 되어있다.

유격장에서 1주간의 교육이 끝나고 홍인호 소위는 1군단장실요원으로 단 1명만 인사발령이 났다. 당시 군인사처 보임과장은 위채규 대령으로 1군단장이 3관구사령관 시절 그 예하 32사단에서 연대장을 지낸바 있다. 타 장교들은 용돈이 떨어져 각자 주말을 이용하여 집에 용돈 가지러 갈 때 나는 새로운 임지로 떠나는 것이다.

## ■ 1군단장 김재명 장군 밑으로

1군단에 부임한지 3개월 있어야 중위 진급을 하였다. 대부분의 소위급 장교들은 월남에서 거의 중위진급을 하고 귀국하는데 나는 소위임관하고 일찍 파월했기 때문에 소위때 귀국한 것이다.

그 무렵 1군단이 바빠졌다. 강원도 울진, 삼척에 무장 공비 120명이 침투한 것이다.

군단은 평창 하진부리에 군단 전방 지휘소를 설치하고 군단장과 참모들은 거의 전방지휘소로 출동해 있고, 나는 군단장실에 남아 군단장의 개인비서 업무를 보고 있다가 L-19경비행기를 타고 하진부리 전방 지휘소로 날아가 군단장께 수행한 업무에 대해 보고, 검토 받은 후 돌아와 시행하였다. 그때 내 계급은 갓 진급한 중위였는데 3성 장군에게 보고, 검토받는 일도 여간 신경이 쓰이는게 아니었다. 여하간에 열심히 했다.

## ■ 육영수 여사 작전지역 위문

내가 전방지휘소에 갔을 때 당시 박정희 전 대통령각하 영부인

육영수 여사가 백색 털 반코트를 입고 헬기에서 내려 군단작전 노고에 위문하는 것을 보았다.

### ■ 헬기 추락하는게 아닐까? 공포에 떨어!

공비는 거의 소탕하고 작전이 막바지에 접어들 무렵. 1군사령부 창설기념일에 군 예하 전 지휘관회의가 있었는데, OH-23(3인승 헬기)에 조종사와 우측에 군단장, 좌측에 내가 탑승하고 갔었는데 오후 들어 기상이 악화되어 다른 군단장들은 군사령부에서 제공하는 헬기편으로 순회하는 것으로 모두 탑승했는데 우리 군단장 김재명 중장은 우리 헬기를 고집하고 결국 우리 헬기에 탑승, 이륙하고 강을 따라 비행하다가 어느 산악지대를 통과할 무렵, 미군이 탄 헬기가 산자락에 추락해서 톡톡튀는 모습을 보고 얼마나 불안한지 우리가 탄 헬기도 금방 추락할 것만 같아 아찔했다. 그 미군들은 춘천에 있는 미 고문단의 헬기인데 추락한게 아니고 산짐승 쫓아다니는 짓궂은 장난치는 것을 그들보다 높은 상공에서 볼 때는 추락하는 것으로 착시현상을 일으켰다.

### ■ 와이야통

내 4촌동생 홍인선!

내가 월남전에 참전하고 귀국과 동시 1군단장(김재명 중장)실에 와서 막 중위진급을 하고 있을 때 인선이는 군에 이미 입대하고 전방지역의 어느 포병부대 통신가설병으로 근무하고 있었다. 지금 기억하기에도 아마 사흘에 한번 정도의 편지를 보내왔다.

그 편지를 읽어보면 전방 어느 지역 어느 산계곡을 누비는데 그나마 무거운 와이야통을 매고 고된 생활을 하고 있다는 내용으로 반복하고 있었다.

요즘 같으면 감히 생각할 수도 없는 일인데 그때만 해도 합리적으로 도와줄 방법은 있었다. 월남전에 파병하는 시기였기에 교체요원으로 파월시키기로 작정하고 1군사령부 관련부서에 요청, 인선이가 소속해 있는 부대로 인선의 계급과 주특기에 해당하는 1명의 충원지시 즉 충지를 내리도록 하였더니 마침 조치가 되었다는 연락이 왔다.

그대로 방치해 두면 해당부대에서 다른 병사로 충지가 이행되어질 때는 차질이 생길 수밖에 없다. 시간을 다투는 일이었다. 유선연락을 하면 통신감청이 되어 정실인사청탁이라는 비판을 받을 수밖에 없으니….

같은 경기도 지역내이지만 육로로 이동하기에는 많은 시간이 소요되는 거리였다. 할 수 있는 방법을 궁리하다가 군단비행대에 전화를 걸었다. 김병욱 대위가 조종하는 군용정찰경비행기(L-19)를 타고 인선이가 있는 부대로 향했다. 활주로에 내리자 이미와서 대기중인 짚차를 이용해서 인선이가 있는 부대로 갔다.

그 포병부대 대대장 중령은 우리 군단 포병사령부에서 근무하다간 장교였다. 군사령부에서 내려온 파월 충지가 인선이를 위해 내려온 것임을 알리면서 인선이가 파월되도록 조치 바란다는 말로 끝내고 인선의 외출증을 받아 짚차에 동승, 민가가 있는 곳으로 데리고 나와 함께 식사하고 차도 한잔씩 나누고 떠나오는데 인선이도 비행장까지 따라왔다.

비행기가 활주로에서 이륙하는데 밑에서 손을 흔들고 서있는 그때의 동생 인선이 모습은 지금도 눈에 선하다. 잊을 수가 없다. 결국 인선이가 파월명령을 받고 강원도 화천지역의 어느 보충대에서 2주간의 파월준비교육을 받고 이제 월남을 향해 떠나는 날이 왔다.

강원도 춘천역에 도착시간에 맞춰 나도 춘천역으로 나갔다. 그때 내가 근무하던 1군단 사령부는 경기도 가평이므로 춘천에 가는데는 약 4~50분이 소요되는 가까운 거리였다.

군단 군악대의 군가연주에 따라 장병들은 열심히 군가(백마부대가)를 부르는 가운데 인선이를 찾았다. 형을 눈앞에 두고도 대화할 생각은 안하고 눈을 크게 뜨고 흥분된 표정으로 그 이름 백마부대 백마부대 용사들아! 하며 우렁차게 군가만 부르는 것이다. 드디어 열차가 떠나는 시간 저녁 7시가 되었다. 기적 소리를 내며 열차는 춘천역을 출발, 부산 3부두를 향해 떠나갔다.

그 후 인선이는 월남에 도착하면서 최초 배치된 곳은 백마부대 28전투단(투이호아지역)이었다. 배교적 베트콩이 많이 활동하는 지역이다. 인선이가 월남전에 파병되었다는 소식을 뒤늦게 접한 숙부님께서 허락도 없이 아들을 죽이려고 월남에 보냈다고 나에게 원망 섞인 욕이 돌아오고 난리가 났다.

그도 그럴것이 만에 하나 잘못되는 날이면 평생 원망들을 생각을 하니 아찔하였다. 인선이가 떠난 지 수개월 되었을까? 마침 백마부대 헌병중대장으로 있는 김남국대위가 본국으로 휴가를 왔다가 우리 군단사령부에 들렸다. 그는 내가 모시고 있는 군단장 김재명 장군님의 친동생이다.

인선의 이야기를 했다. 휴가를 마치고 월남 백마부대로 복귀하자마자 인선이를 자신이 있는 백마부대 헌병중대장실로 데려다 놓았다. 그 후 잘 있다가 파월근무 임기 1년이 되자 귀국하게 되었는데 내 장교임관 동기생 박찬호 헌병중위가 마침 같은 헌병중대에 근무하고 있었는데 그 당시는 귀한 T.V 1대를 그로부터 선물 받고 인선이는 드디어 무사히 귀국하였다.

그때 나는 대위로서 서울 필동에 있는 합동참모 본부장실에 근무하고 있었는데 귀국인사 차 찾아온 인선이를 제주경비대로 인사조치하여 고향으로 내려가 근무하다가 제대를 하였다. 그 후 결혼을 하고 가정생활도 탄탄하게 잘 꾸려가고 있었는데 자녀 두 남매를 두고 뭐가 잘못되었기에 밤사이에 그 젊은 나이에 세상을 떠나버렸다.

지금도 살아있으면 큰 기둥이 되어 집안도 튼튼할 터인데 빈자리가 너무 큰 것 같아 매우 안타까운 부분이다. 살아 올 수 없냐?

## ■논산 훈련소 부조리를 척결하라!

군단장 임기가 끝난 김재명 중장에게 박정희 전 대통령의 특명이 떨어졌다.

자유당 시절부터 흘러 내려온 고질적인 2훈련소 부조리를 척결하는 임무를 부여한 것이다.

1970년 1월 31일 1군단장 이취임 행사 종료와 동시에 헬기편으로 2훈련소로 날아갔다.

이때 나도 김재명 중장을 수행하여 2훈련소로 갔다. 비서실 행정장교로 보직을 받고 근무하다가 그해 6・1부로 임시 대위 진급을 하였다.

부임한지 4개월쯤 되었는데 청와대 민정반에서 내려와 개선된 사항들을 확인 점검하면서 사진촬영도 해 갔다.

## ■ 합동참모본부로

그후 김재명 장군은 70. 7. 10부로 합참본부장으로 영전을 하는데 나도 함참본부로 따라가서 본부장실에 근무하다가 그해 9월에 두 번째로 월남전에 참전을 희망하였으나 그때는 저마다 서로가 겠다고 나서니 재 파월이 안 될 때였다.주월 한국군 사령부 창설 기념행사에 당시 정래혁 국방장관을 대신해서 합참본부장이 참석하게 되어 출장을 떠나면서 합참 합동 인사과장 정현태 대령을 불러 월남에가서 이세호 중장(주월 사령관)에게 말해서 전입요청 전문이 오면 본부장이 귀국하기 전이라도 명령을 이행해서 홍대위를 월남으로 보내라고 미리하명해 놓은 상태였다. 그런데 본부장 김재명 장군이 월남으로 출장 떠난지 3일만에 주월한국군 사령부에서 "사령관실 의전장교요원"으로 전입요청 전문이 날아왔다. 예정대로 파월 명령을 받았다.

## ■ 두 번째 월남전지로 향하다

김포공항에서 C-54공군기편으로 서울을 떠났다. 제주 한라산 상공을 지나 일본 오끼나와의 '비야코지마'라는 작은 섬 위를 나는데 그때가 지금으로부터 34년 전이지만 일본은 그 작은 섬까지 이미 토지 구획정리가 바둑판처럼 잘 되어 있었다. 김포공항을 떠난지 9시간만에 필리핀 클라크 미공군기지에 착륙하여 그곳에서 영화감상도 하고 대낮같이 환하게 밝혀진 운동장에서 미국인들은 어린이부터 중장년에 이르기까지 미식축구 열기가 대단했다.

마닐라 시내로 약 300리되는 거리이지만 우리가 가기 며칠전에 큰 사고가 났다한다. 한국인을 일인으로 착각하고 테러를 저지를 위험이 있다는 것이다. 그런 이유로 마닐라 외출은 접어두고 다음날 아침 9시에 월남 사이공을 향해 이륙, 정오에 사이공(지금의 호지민시) 공항에 도착했다.

## ■ 백마부대 도깨비전투단 중대장 희망

그 무렵 국내에서는 진지공사가 한창일 때, 월남에서 전투중대장을 필하고자 백마부대 28전투단 이성수 대령에게 전화를 했다. 그곳으로 가서 전투중대장을 하겠다는 뜻을 전했는데 바로 오라고 대환영이다. 그리고 나서 주월한국군 사령부 인사참모 남상호 대령을 찾았다. 남대령 역시 김재명 장군이 3관구사령관시절 예하 32사단 연대장이었다. 인사참모 남대령에게 인사명령조치를 요구했다.

남대령이 주월한국군 사령관과 참모장에게 내문제를 보고하고 재가를 받아 우선 작전부사령관 김용관 장군이 나트랑서 사이공으로 회의참가차 와 있는데, 나트랑까지 김용관 부사령관이 돌아가는 비-바(6인승 항공기)편에 미리 함께 가라고 한다. 백마부대로 명령나기 전 사전부임하라는 뜻이다.

## ■ 백마부대 사전부임

백마부대에 미리 가 있으면 인사명령은 뒤에 발령해 주겠다고 약속했다.

예정대로 비-바편으로 나트랑에 갔다. 그곳에서는 헬기를 이용하여 닌호아에 있는 백마부대로 날아갔다. 소위때 거쳐 간 곳을 다시 찾은 것이다.

사단 인사참모가 사단 참모장에게 나를 데리고 가 인사를 시켰는데 참모장 강성탑 대령은 자네가 김재명 장군을 모셨었나?고 한마디 묻고 인사참모에게 지시한다. 사전에 28전투단에 부임시키고 명령은 후속조치를 하라는 것이다.

## ■ 백마부대 헌병참모 강대현 중령을 만나

그때 사단 헌병 참모실을 찾아갔다. 강대현 중령이 마침 감기증상을 앓고 있었다. 그 날은 우기로 비가 내렸다. 헌병 참모 강대현 중령이 내가 어디에 어떻게 하면 되겠느냐?고 물으며 관심을 보여줘 고맙게 생각하였다.

아닙니다. 28전투단 이성수 대령에게 가기로 이미 정해져 왔습니다.라고 대답을 했다. 그리고 헬기를 타고 봉로만을 거쳐 '투이호아' 28전투단으로 넘어가 연대장 이성수대령에게 인사를 했다. 이대령은 김재명 장군이 2훈련소 부조리 척결 때 하사관 학교장으로 있었는데 월남의 연대장으로도 김재명 장군이 밀어줘서 간 사람이다. 나는 연대에서 1주일을 대기중인데 사단인사명령이 하달되었다.

## ■ 미산(美産) P.X관리장교 거절

연대장이 전입신고를 받는 자리에서 홍대위는 미산(美産)P.X관리장교를 맡으라는 것이다. 연대장은 나를 생각해서 돈도 좀 생기는 자리라고 해서 하라는 모양이지만 나는 거절했다. 나는 도대체가 그런욕심은커녕 아예 그런데 눈을 뜨지 않았다. 연대장이 나를 설득하다 돌아가 있으란다. 다음날 다시 부른다.

생각해 봤는가?고 굳이 미산P.X 그걸 보라는 것이다. 또다시 나는 거절했다. 돌아갔다가 다음날 세 번째 또 불려 갔는데 끝내 거절했더니 연대장도 더 이상 말못하고 체념한 모습이다. 3대대 11중대장으로 전투중대장의 보직을 받게 되었다. 연대본부 장교클럽에서 고국의 연예인 공연 단원들과 파티할 때면, 헌병참모 강대현 중령과 함께 앉아 춤도추고 감회가 깊을 수밖에….

## ■ 호랑이 고기맛은 짭잘!

이때 호랑이 고기맛을 보았다. 소총병 김병장이 야간 매복중 커다란 호롱불로 보이는 물체가 가까이 접근 해 오는 것을 사격했는데 앞발 2개로 김병장의 가슴을 덮석 때리는 순간 정신차리고 호랑이의 목을 잡고 같이 굴렀다는 것이다. 너도 나도 송곳같은 수염을 뽑아 가지고, 가죽(호피)과 고기덩이를 떠서 주월한국군사령관 앞으로 경리장교 정관식 대위가 헬기편으로 갖다 바쳤는데 호피는 더 높은 곳으로 갔다는 후문이 있었지만 확인은 안 된 말이다. 호랑이 고기 말릴 때는 소금을 치지 않았는데 구워 먹을 때는 짭짤한 맛이 돌았다.

2차 파월 대위 때 월남전투중대장 시절

■ 귀국길, 그리고 가족의 품으로

1971년 11월에 귀국했는데 함상에서 부산 3부두를 내려다 보니까 배가 워낙 높아서 쌍안경으로 밑을 쳐다보니 홍인호대위라는 피킷이 자그맣게 겨우 알아볼 정도이고 내 아내와 영조, 영민이도 함께 나와 있음을 알았다. 우린 그날 밤은 가족끼리 부산에서 지내고 다음날 상경하였다.

그때 김재명 장군이 국방부 인력차관보로 재임중이라 나는 귀국해서 다시 김재명 장군밑으로 보직을 받았다.

그로부터 3~4개월 근무하다가 국군보안사령부로 발령을 받고 들어갔다.

## 국군보안사 성남시 보안대장 시절

나는 국방부 인력차관보실에서 박정희 전 대통령의 동기인 육사 2기 김재명 중장을 모시고 근무하다가 국군보안사령부 요원으로 발령이나 서울모처에 있는 국군보안학교에 입교했다.

보안학교 장교기초반 50기로 8주간의 교육을 수료하고 1972년 겨울 서울 영등포지역에 있는 보안부대로 발령받고 부임하였다.

그때는 일과가 종료될 무렵인 저녁시간에 부대장 김학호 대령에게 전입신고를 하였다. 부대장은 그 자리에서 함께 차를 마시며 내가 모시던 김재명 장군의 이야기를 꺼낸다. 그는 내가 가장 존경하는 장군이라고….

성남대에서 부관 이수익 상사가 차를 가지고 와 대기하고 있으니 바로 성남시 대장으로 가라는 명령을 내린다. 처음 부임하면 부대본부에서 행정과장 직책을 받아 부대의 살림살이를 도맡아 하다가 현지 부대의 기능에 동화가 된 다음에 지역에 나가 활동하는게 통상적인 예인데, 전입신고와 동시 대기시간도 없이 바로 지역을 맡도록 내보내 주는 것은 참으로 이례적인 일로 김재명 장군과의 인연을 살려 크게 배려해 주는 것으로, 고마운 생각이

들었다. 그 당시 정국은 바로 10월 유신 계엄령이 선포된 상황이었다. 사회정화 문제가 크게 대두된 시기였다.

어느날 상부에서 군, 검, 경 합동수사반을 설치하라는 지시가 내려왔다.

## ■ 군검경 합동수사반 설치 / 지휘, 감독

나는 현지 대장으로서 서울지검 동부지청에 전화를 걸어 검사 2명을 지원요청하고, 성남경찰서 김용빈 서장에게 베테랑급 형사 6명을 3/4톤 차량 1대와 함께 지원요청하고, 성남 주택개발공사 이사장으로 있는 고재숙씨에게 사무실을 제공해 달라는 요청을 하였더니 소강당 정도 규모의 넓은 사무실을 모두 비우고 흔쾌히 협조에 응해 주었다.

이 고재숙 이사장은 내가 대전 3관구사령관실에 근무하던 시절 대전 중도일보사 기자로 사령관실을 자주 출입을 하던 옛 지인(知人)이기도 했다. 그 인연으로 나에게 마음을 후하게 써준 셈이 된다.

이곳에 합수부 간판을 내걸고 본부의 수사요원의 지원을 받아 성남시는 물론, 경기광주지역과 천호동과 송파지역을 중심으로한 동부서울의 일원에 대한 사회정화 활동을 활발히 전개하여 성남시청의 도시계획과 주택사업과 관련 부조리문제, 그리고 그 지역에서 각종 물의를 빚은 사이비 언론기자, 숙박업소 등을 돌며 상습적으로 성추행하는 지방 공무원, 축협도살관련 각종비리 등 사회정화 임무를 성공적으로 수행하였다.

### ■ 총선 판세분석 / 차지철과의 5자 회동

유신계엄령 정국이 끝나고 어느해 총선이 치러지는 기간 동안에 내 관할 지역인 여주, 이천, 용인, 경기 광주군의 주재관들을 모아놓고 선거판세를 분석하는 철야작업도 경험하였다.

이 선거기간 중 어느 날 성남시장실로 오라는 이재덕 시장의 연락을 받았다. 나는 곧 성남시청으로 가서 바로 시장실로 들어갔다. 박정희 대통령의 경호실장 차지철씨가 이미 와서 앉아 있었다. 그 자리에는 성남시장, 공화당 관리장, 보안대장인 나와 중앙정보부 주재관 등 5자가 회동한 자리였다.

처음으로 실물을 대하는 차지철의 인상은 키가 작은 편에 얼굴은 크고 부리부리하고 새까맣게 눈썹이 많은 편이고 체구가 굵고 통통한데 비해 말하는 음성은 여성에 가까우리만큼 가냘프로 가늘었던게 특성이라고나 할까?

### ■ 지역활동

1개월에 한번꼴로 부대본부 일직사관 근무를 하기 위해 본부에 들어가면 일직신고를 받는 자리에서 부대장은 공무이외의 사사로운 임무를 주기도 한다.

그에 대한 결과보고는 주로 서면보고로 대신하였다. 현지에서 부대본부와의 거리도 문제지만 서면보고에 자신감이 거의 작용한 탓이라 하겠다.

내가 맡고 있는 지역은 성남시는 물론이고, 경기도 광주군과 천호동을 중심으로 하는 동부서울의 일원으로 광주군에는 안희태중사를 주재관으로 배치해 놓고 그 지역에 육군 대령이 지휘하는 공병단까지 관할토록 했었다.

## ■ 청와대 민정반원 출현

어느 비오는 날 아침 8시에 출근하는데 나의 사무실에 종군기자용 같은 가방을 어깨에 걸쳐 매고 낚시꾼이 쓰는 모자에 허름한 점퍼차림의 한 남자가 40대 중반쯤 되어 보였나? 와서 앉아 있었다. 어디서 오신 누구십니까? 하고 공손하게 물었다. 아… 민정반에서 왔습니다. 청와대에서요? 예… 그렇습니다. 그렇습니까? 무슨일로 오셨는지 나도 아직 아침식사를 못했는데 우선 식사하러 가시지요. 그는 어디로 가려 하느냐고 나에게 물었다.

나는 정중히 모시려고 인근 요정 '백화정'엘 가렵니다. 라고 답했더니 아닙니다. 그냥 조용하고 허름 한데로 가십시다. 라고 그는 말했다.

그럼 바로 뒤 시장거리 입구에 있는 선지해장국집으로 가십시다. 처마 밑으로 흘리는 빗물을 피해 고개를 숙이고 들어가 우리 두 사람은 선지 해장국을 한 그릇씩 먹고 사무실로 돌아왔다. 의자에 앉자마자 그는 성남시청에 들어가면 신분이 노출될 것을 우려해 우리의 사무실을 찾았다며 이 관내에 문제되는 말하자면 시정을 실피기 위해 온 것이다.

평소에 우리가 파악하거나 얻은 정보자료 존안철을 뒤져 넘기며 내가 비교적 자세히 소상하게 브리핑 해 주고는 특히 창곡동 주민들의 생활상을 잘 투영 해 주었다. 왜냐? 먼 옛날의 일이 되었지만,

거의 최초로 남북 적십자 대표 회담을 위해 북측 대표단이 온다고 해서 통일로를 달려 서울에 진입하는 통로 그 연도에 열을 지고 있는 모든 건축물에 대한 대대적인 환경 정비가 이루어 지던 시절이었다. 그때 서울에 온 북측 대표단이 성남 모란, 창곡동에 한번 가보자는 말을 했던 일이 있다. 그 창곡동에는 김현옥 당시 서울시장이 청계천 판자집을 헐어 하루아침에 쏟아놓은 곳이다.

그래서 당시에는 대공측면에서 혹 간첩거점으로 그들이 이용하고 있는게 아닌가 해서 우리가 많은 관심을 가지던 곳이기도 하다. 그곳 주민들의 생활 환경이 너무도 말할 수 없을 정도로 열악해 우려할 만한 사태발생을 심각히 예측, 예산 부족으로 시에서는 손을 못쓰고 있는 터이니 돌아가시면 예산을 파격적으로 지원해줄 필요가 있음을 힘주어 강조했고, 그가 절실한 형편을 이해하고 돌아갔다. 나는 바로 성남시청에 가서 이재덕 시장을 만나 그 사실을 전했다. 시장의 대변을 내가 한 것이다.

그 후 약 10여 일쯤 지날 무렵인 어느날 당시 성남시장으로부터 잠깐 나를 보자고 전화가 왔다. 서둘러 시장실에 들어가자마자 이재덕 시장이 두 손으로 나의 두 손을 잡더니 홍대장! 정말 고마워…. 순간 나는 어리둥절하였다. 시장님! 제가 고마울 일이 뭐 있습니까? 아니야… 창곡동 주민을 위해 쓰라고 청와대에서 연락이 왔는데 8억의 예산이 떨어졌어! 아… 그렇습니까? 순간 나의 마음이 흐뭇했다. 잘 되었습니다. 이제 시장님이 늘 걱정하시던 숙원사업이 한 시름 놓게 되었습니다. 라고 그 동안의 고충을 위로하였다. 그 당시 내 업무용 전용차량 1대가 있었는데 시동만 걸면 멀쩡한 차 운전대가 덜덜 떨었다. 요즘 같으면 카센터라고 하는 정비공장에 가면 바로 잡을 텐데, 그때는 정비공장에 가도 시원치 않고 대형 정비소에 가면 수리비를 워낙 많이 요구하니 그대로 견디며 타고 다녔다. 지금 생각하면 그때 시장님! 떨어진 예산 혼자 다 쓰시겠습니까? 내 자동차나 고쳐주세요. 라고 하면 도와줄터인데도 나는 그런 쪽에 눈 돌려본 일 없이 깔끔하게 생활을 했다. 내가 부임한 이후 부관에게는 시청 등 행정관서 출입을 자제하라고 지시했다. 대원(병사)들에게는 바깥 외부활동을 금지시켰다. 그 활동을 지속하다 보면 물의를 빚을 수도 있고 때로는 우리들의 이미지에 손상이 올 수도 있기 때문이었다. 관할지역인 거여동에 예비군 관리를 주로 하는 대대급 부대가 있었다. 대대장은 고○○ 중령으로 언제인가 군량미 1가마를 보내왔다. 그 대대장도 순수한 마음으로 부대 운영하다 남은 것을 나에게 할애했던 것으로 이해하면서도 바로 그 쌀가마를 실어 돌려보냈다. 그때 그 대대장 고중령은 훗날 2성장군으로 군을 떠났다. 그 후 고등군사반 과정에 입교하기 위해 보병학교로 떠나게 되었는데 재임중에 마음은 항상 부자로 그런 물욕에 눈돌려 보지 않았다. 어쩜 타고난 천성이 되어 버린 것이기도 하다.

그때 성남시장이 나에게 감사장을 준다기에 이것 마저 거절하고 우리 부관 이수익 상사에게 돌려주고 떠났다.

### ■ 백골부대 3사단 식구가 될 때

보병학교 고등군사반 과정을 수료하고 백골부대 3사단으로 발령이 났다. 나와 함께 동료장교 고대위와 이대위 등 3명이 함께 부임하고 먼저 야간 담력훈련장에 투입되었다.

2박 3일간의 무시무시한 담력훈련을 마친 다음에야 당시 사단장 곽응철 장군에게 전입신고를 하였다. 사단장으로부터 백골사단의 전통과 백골정신의 훈시를 듣고 연대배치를 받았다.

## ■ 연대장의 보직명령에 반기를 들고

나의 가족은 서울에 두고 왔는데, 연대장이 전입신고를 받더니 철책에 부대장으로 가라는 것이다. 물론 군인이 어느 곳이던 가라는 명령에 따라 충성하는게 옳다. 하지만 부대장으로 가면 외출이 없는 곳이니 내 가족을 주간에라도 챙겨줄 수가 없으니 연대장에 일단 거부의사를 표했다.

부대장 보직을 접고 연대본부중대장을 시켜주면 연대장 바로 밑에서 충성하겠다. 라고 했다. 연대장이 가만히 생각을 해보더니 별사람 다 보겠다며 일단 돌아가 있으라는 것이다.

다음날 연대장이 불러서 갔다. 그러면 연대본부 작전과에서 교육장교를 보라는 것이다. 다시한번 거절했다.

연대장님! 저는 3성장군 전속부관도 했고 그 만큼 인성이 좋다는 것 입증이 되는 것 아닙니까? 그리고 보안사에 있다 온 것을 꺼리시는 모양인데 색안경끼고 보지 마십시오. 저의 순수한 인간적인 면을 잘 살펴보시고 바로 옆에 두는게 절대 이로우면 이로웠지 후회하는 일이 없을 겁니다. 라고 말했다.

연대장은 또다시 돌아가 있으라고 한다. 다음날은 연대 인사주임이 와서 연대장이 찾는다고 한다. 함께 올라갔다. 드디어 연대장이 홍대위가 원하는 대로 연대 본부중대장으로 보직을 준다는 것이다. 지금 있는 본부중대장 김대위를 작전과 교육장교로 보내고 나를 그 자리에 보직한 것이다.

## ■ 원하던 보직을 받고 열심히

그 길로 본부중대에 부임과 동시 무질서 했던 중대 분위기를 쇄신하면서 야무지게 질서를 휘어잡고 각 참모부마다 흐터져 취침하는 병사들을 모조리 내무반으로 흡수시키면서 내무생활을 정상화 시켰다.

일부 참모들은 고참 상위계급으로 다소간 장애요소가 되지만 과감하게 내무반으로 통합을 이뤘다. 그리고 중대장의 명령지시에 잘 따라줬다. 그러면서 한편으로는 연대장의 퇴근시간이 늦어지면 밑에 있는 참모들 또 그 밑에 연쇄적으로 퇴근이 늦어 가족들은 가족들대로 저녁상 차려 놓고 남편의 퇴근을 기다리고 있는데 연대장이 퇴근을 안하고 지휘관실에 눌러 앉아있다. 연대장의 퇴근이 늦어지는 까닭은 내가 찾아낸 것이다. 요즘에는 서울 수도권, 전·후방을 막론하고 지휘관 및 참모관사는 물론이고 군 간부들의 주거시설이 아파트 등 아주 잘되어 있다.

하지만 그 당시만 하더라도 주거환경이 열악했다. 우리 연대장 관사관리 책임도 본부중대장인 내게 있었다. 관사를 돌아보니 실내 분위기가 삭막하고 처마 밑에는 비둘기 똥들이 이리저리 흐터져있고, 하기야 그때만 해도 군 주거시설에 예산 투입의 어려움 때문에 거의 보수는 못하고 버려진 상태였다. 나는 하루 빨리 연대장 관사 환경개선문제를 가지고 내심 굳은 결심을 하였다.

### ■ 연대장 관사 개조 / 환경개선

상급 사단사령부의 지원은 연대 군수주임이 받아와야 하는 문제이므로 개의치 않고 본부중대장인 나의 노력만 가지고 보수정비 하기로 결심했다.

우선 연대 수송관 최준위를 설득하여 나에게 트럭 1대를 고정배차 해주도록 약속을 받아 흙과 잔디, 돌(자연석) 등을 실어오고 작업병 몇 명과 날이 밝자마자 작업을 시작한다. 정원에 조경한다고 막 이리저리 파헤쳤다. 연대장에 사전 계획보고도 없이 완전 내 단독으로 결심한 사항이 되었는데 연대장이 기상하고 양치질 하면서 나와 보고도 아무 말 한마디가 없이 주시하다 방안으로 들어간다. 하루도 거르지 않고 거의 매일 작업을 하였다.

그로부터 약 1개월이 거의 될 무렵 공사가 마무리 단계에 접어드니 관사 환경이 어느정도 윤곽이 들어난다. 그제야 연대장이 자연석 화단에 꽃나무 심는 위치에 대해 단 한번 간섭을 한 것 뿐이다.

### ■ 즐거운 가든파티

정원에는 멋진 잔디밭이 되고 집안에도 망치질, 못질 널판 갈아붙이고 도배하고 액자도 군데군데 걸어 놓으니 일품이다. 공사가 완료되는 그 다음주말 연대장이 3개 대대장과 직할 중대장을 초청하여 멋진 가든파티를 벌였다. 연대장 부인이 까랑까랑한 목소리에 심한 경상도 말투로 "이거 우리 본부중대장님이 이렇게 멋지게 꾸며주셨다"고 자랑하는 일담이 있자 모두 박수로 나를 반겨 주었다.

### ■ 본부중대장! 주말 집에 다녀와!!

그 다음부터 매주 금요일 밤에 어김없이 연대 인사주임과 함께 연대장 관사에 들리면 조촐하게 술상을 차려놓고 꼭 소주가 아닌 정종을 글라스에 한잔씩 가득 따르고 마셨는데 이전에는 내가 굳이 "다녀오겠습니다"라고 말을 해서 허락을 받고 서울에 있는 가족을 보고 왔었는데, 이제는 내가 말을 안해도 아예 연대장 스스로가 "본부중대장 내일 외박다녀와!"라고 말할 정도였다.

### ■ 개인비서 역할 / 보물단지로 애칭

이뿐인가? 지금은 통신의 발달로 아무 불편을 안겪지만 그 당시만해도 통신이 매우 열악해서 누구든 거의 서신을 통해서 의사전달이 되었었다. 사랑하는 사람끼리도 요즘과 같은 휴대폰의 문자교신이 아니고 e-mail도 아닌 오직 서신을 주로 교환하던 시대였다.

연대장이 이웃 부대 상관에게 의사전달 할 때도 서신을 이용하는데 거기에는 문장력이 절대 필요로 했다. 그래서 연대장은 개인서신 초안과 정서 등 다각도로 나를 개인비서처럼 활용을 했었는데 아주 높은 분에게 마음먹고 보내는 서신의 경우 내가 초안해서 연대장이 검토를 하며 읽어내려 가면서 만면에 아주 흡족한 표정을 지으며 약간의 미소를 머금고 다 읽은 다음에는 연대참모들 앞에서 본부중대장은 우리 연대 '보물단지'라고 격찬을 아끼질 않았었다.

그래서 처음보는 사람도 물론 첫인상이 중요하다고는 하지만 역시 사람은 겪어봐야 속을 안다는 말도 인정해야 할 것 같다.

## ■ 용(龍)꿈 이야기

흔히들 용꿈/돼지꿈을 많이 이야기한다. 그렇지만 그 귀한 꿈을 마음대로 꿀 수 있는가?

그럴수가 없는 것, 그런 꿈을 꿀 확률이 그만큼 적기 때문, 그만큼 어려운 꿈이기에 운과 재수에 비유해 흔히 말하는 것 아닌가 싶다.

그런데 하늘이 내려주어 살아 숨쉰다는 땅 강원도! 하고도 철원의 넓은 평야에 어느 군대막사에서 앞에 말한 본부중대장실 한쪽 구석 침대에서 어느 화창한 봄날 밤에 내가 그 꿈을 꾼 것이다. 꿈속에서 내 고향 제주 정의고을(성읍리) 옛성 뒤 조부님이 평생을 살고 가신 그 집 진입로(제주방언으로 '올래') 채 50m정도 못 미쳐 걸어가는데 왼쪽 밭에서 흙먼지가 뿌옇게 일더니 구슬처럼 생긴 둥그런 왕눈이 두 개가 툭 튀어난 용(龍) 4마리가 대각선을 그리며 우렁차게 서에서 동쪽하늘을 향해 올라가는 것이다. 바로 뒤이어 3마리가 같은 형태로 역시 같은 방향으로 올라가는 것이다.

그런데 희한하게도 용이 7마리! 칠용(七龍)꿈을 꾼 것이다. 그게 이미 30년 전의 일이다.

## ■ 공룡 꿈도 꾸었어요

용꿈 이후에 공룡 꿈도 꿨는데 내가 꿈속에서 김포공항 옆길을 따라 김포를 통과하고 강화도로 가면서 김포, 강화간 연육교를 막 지나가려는데 그 밑은 새까만 펄로 뒤 덮혀 있었고 절벽의 중간에 입에서 불을 내뿜으며 머리부분만 보이게 목을 내밀어 힘찬 소리지르며 이리저리 고개를 내젓는 것을 본 꿈이 아닌가?

흔히 세인들은 용 꿈꾸네, 꾸었네 라며 큰 운명이 걸려 있는 것처럼 기대를 모은다. 또 이야기를 한다. 그렇다면 실제로 용꿈을 경험한 나는 이에 대한 답을 해야 되는데 뭐 할말이 없는 것이다. 이 내 말의 뜻을 사람들은 음미해 볼 필요가 있지 않을까?

## ■ 5사단으로 향한 마음

장교의 보직은 최소한 1년 이상 해야 한다. 1년 이내 보직이 해임되면 각종 인사상의 불이익을 받는다. 나는 중대장 보직 10개월 된 시점에 3군사령부 인사처장 전병규 장군을 찾아갔다.

이 분은 내가 모시던 김재명 중장이 2훈련소장으로 부조리 척결하고 계실 때 참모장이었다. 현 보직 1년이 채워지면 5사단으로 보내주십시오 라고 청을 들였더니 5사단은 왜? 하며 잠시 멈칫 하더니 내가 그곳 5사단으로 가려는 마음을 알아차리고는 음… 그렇지! 그러면 오늘 부대 복귀하는 길에 5사단장 구장군에게 들려 전입요청서를 띄워달라 그래… 예! 알겠습니다.

## ■ 전입요청서를 띄워라

나는 곧바로 경기도 양평에 있는 5사단장 구득현 장군에게 찾아갔다. 마침 그날은 토요일 오후로 눈 내리는 추운 겨울 날씨인데도 사단장실의 벌집 모양 구멍 뚫린 대형 은색난로에 속내의 바람에 불을 쬐고 있었다.

운동복으로 갈아입기 직전이었다. 사단장 구장군이 나를 보더니 음, 왠일이야! 별일 없었어? 예, 잘 있었습니다. 대뜸 저 사단장님 밑에 와서 충성하겠습니다. 그래… 좋지!

3군사령부 전장군에게 갔더니 사단장님의 전입요청서를 띄워주시라 그랬습니다. 그래? 윤중위 들어와 하고 전속부관을 부른다. 월요일에 최병화 중령(인사참모)보고 홍인호 대위 전입요청을 군사령부로 띄우라 그래… 전속부관 윤중위가 알겠습니다라며 대답하고 나갔다. 그리고 나는 곧바로 부대 복귀차 떠났다. 그로부터 2개월, 결국 본부중대장 보직 12개월이 되자 바로 5사단으로 전속명령이 내려왔다.

## ■ 열쇠부대 5사단 식구가 되다

5사단 부임과 동시 사단장에 전입신고를 하는데 사단장이 물었다. 뭘 하겠나?

예, 사단장님! 비서실장직을 운영하고 있다면 비서실장으로 사단장님을 가까이서 보필하겠는데 비서실장직이 없으니 인사계통의 일은 잘 할 수 있을 것 같습니다.

그래? 그럼 35연대 인사주임으로 가지뭐…. 연대참모 자리는 정원상 소령직위이니 나는 대위로서 상위직위에 근무하게 된 것이다.

■ 부조리 제거

연대에 부임하여 업무파악하는 과정에서 이상한 일을 발견하였다. P.X에 조달된 막걸리에 물을 타서 양(量)을 늘려 팔고 있었고, 빵도 조달품을 팔고도 모자라 시중의 일반 빵을 비사입해서 팔고 수익을 늘리고 있었고, 그 뿐인가 전 중대 인사계(상사급)를 통해 매월 정기 상납금을 거두어 연대장에게 바치고 있었다. 물론 전임 연대장과 전임 인사주임 박모 소령의 행위였다.

나는 도저히 이해할 수가 없었다. 연대장에 사전 보고, 허락 받을 필요도 없다. 바로 P.X관리하사관을 교체했다. 정문에 위치한 경비소대장 박길선중사를 P.X관리하사관으로 새로 임명과 동시 막걸리에 물을 타거나 빵을 비사입시는 무조건 영창에 넣고 타부대로 전출시킨다고 선언하고, 육류보급시 취사장에서 연대장 공관으로 올려 보내지 않도록, 쌀도 마찬가지… 일체 연대장 공관용은 시중에서 정상적으로 구매해 사용토록 조치하는 한편, 전 중대 인사계를 연대본부로 소집, 지금까지 금전거출 관행에 종지부를 찍어버렸다.

그리고는 사후보고 형식으로 연대장께 기존방식대로 하는게 연대장님께 도움들이는 일이 아니라 생각하고 위와 같은 조치를 했다. 라고 보고를 했더니 연대장께서는 흔쾌이 환영의 뜻을 표했다. 이 때 연대장은 육사 13기의 선두주자로 중령 때 월남에 파병, 백마 29연대장 전두환 당시 대령 밑에 2대대장을 지낸 박종남 대령으로 대법원 대법관을 지낸 조승형 씨의 자형(姊兄)이기도 한데 나의 차남 영민의 결혼 때 육군회관에서 주례를 서 주셨다.

이 때에 경기 양평 용문에서 군인생활을 할 때 어머니가 동생 인자와 외손자 지선이와 지완이를 데리고 그 곳 용문에 다녀가시 기도 하였다.

'저놈의 새끼는 언제나 저 굴레를 벗을 건고?' 군복을 언제 벗을 것이냐?는 뜻! 속도 모르고 아들이 군인생활하는게 늘 불안하신 모양이다.

### ■ 가족과 딸기밭에도 개울가에도 가고

일과가 끝나 퇴근 한 이후에도 해가 많이 남아 아내와 두 아들을 데리고 인근 딸기밭에도 가고, 주말이면 마을 앞 개울에 나가 멱도 감고 물가에서 가족끼리 한가로운 시간도 가졌었는데 집에 돌아오는 길목에는 대단지 묘목재배지를 지나자 기찻길을 건너면서 찍어놓은 사진 한 장이 정겹게 여겨진다.

지금도 생각하면 뭐가 그리도 바빴는지 지역내 유명한 옥천 냉면집도 한번 들리고 용문산 관광지는 우리 연대 예하 1대대 관할 지역인데도 아내와는 겨우 한번 다녀왔었다.

### ■ 사단 인사참모의 과분한 농담!

한번은 사단 인사참모 최병화 중령이 저녁 7시로 어둠이 깔릴 무렵인데 내 숙소로 찾아든 것이다. 그는 들어오면서 하는 말이 35연대 인사주임 부인이 사단에서 제일 미인이라고 소문이 나서 일부러 보러 왔다는 거요. 원 세상 이런 일이 또 있나….

## ■ 사단장과의 매일 교신

어느 해 8월경의 일이다.

연대장이 정신적으로 다소 불편을 느끼고 있던 기간에 사단장 구 장군은 매일같이 하루도 거르지 않고 인사주임인 나에게 전화한다. 나를 통해서 연대를 지휘하는 기간이 있었다. 야! 오늘 3대대 시범행사에 너의 연대장 나가봤나? 못갔습니다. 그래? 나 오늘 오후 4시에 사단교육대 신임소위에 대한 정신훈화차 가는데 너 교육대장실로 와라. 알겠습니다. 사단교육대가 우리 연대 지역에 위치하고 있었다. 나는 사단장 요구대로 교육대장실에 먼저 가 있는데 사단장이 도착했다. 교육대장을 밖으로 내보내고 실내에는 사단장과 나 둘만이 있는데 교육대장이 하얗고 두툼한 냉타올을 들고 들어왔는데 그 타올로 사단장의 얼굴에 땀을 닦고 나에게 주면서 아나! 너도 닦아라며 그 타올을 내게 주신다.

그때만 해도 별하나 달고 사단장 하다가 잘해야 선별적으로 별 두 개를 달아 줄때이니 연대장 하나가 기우뚱하니까 팔 하나가 없는 기분으로 사단장이 매우 심각히 그 문제를 다루려고 한다.

야! 너의 연대장 짜를까? 예? 그게 무슨 말씀이십니까? 육사 13기 선두주자인데 나중에 무슨 악평을 들으시려 합니까? 우리 연대장은 찬바람 나기 시작하면 괜찮을 겁니다. 지금은 찬바람 안나고 더운 바람 나오냐?

물수건으로 땀을 닦으시고도 그렇게 말한다. 오늘 사단장님이 사단에 가시면 우리 연대장에게 10일간만 휴가명을 내리십시오. 제가 용문산은 관광지라 복잡하고 용문산 서편 상원사에 함께 가서 원상회복하고 돌아오겠습니다. 라고 말했다.

바로 그 다음날 부사단장 주성로 대령이 우리 연대에 왔다. 직무대행할테니 우리 연대장은 휴가가라는 것이다. 그래도 사단장이 나의 건의를 받아드려 이런 조치를 내렸구나 하고 생각했는데 끝내 휴가를 거절하는 연대장이 원망스러웠다. 이 무렵 내가 보안사에 있을 때 나를 아껴주던 본부에 정보과장 최수남 중령이 우리 사단 보안부대장으로 와서 내 손목을 끌고 사단참모장실에 가서 홍인호 내 꼬봉이요! 라며 펑펑 큰소리 치던 일이 생각난다. 최 부대장도 나의 얼굴을 봐서 우리 연대장을 많이 보호해준 게 지금도 늘 고맙게 생각이 난다. 정말 고마운 분이다..

## ■ 근무평정을 양보

매년 4월이면 장교 근무평정을 한다. 그 업무자체는 인사주임 소관으로 연대장에게 모든 참모들에 대한 평가자료를 제공했다. 대뜸 연대장이 인사주임 1번순위로 해서 만들어 오라는 것이다. 저는 앞으로도 기회가 있으니 군수주임(고참소령) 곽문환이를 밀어 주십시오. 중령진급 기회를 주셔야지요. 이렇게 1번 자리를 양보를 했는데, 그 해 군수주임 곽문환이 중령진급을 한 것이다. 군에서 자기 앞으로 돌아온 기회를 타인에게 양보할 사람은 없다. 나는 미련 바보가 아니라 인정이 많은 탓으로 이렇게 바보같은 짓만 하는 것이다. 그렇다고 이런 과정을 군수주임에게 내비친 일도 없으니 본인은 알 수 없는 일이 아닌가?

부임한지 어느덧 24개월이 되어 연대장은 먼저 육본작전참모부로 영전해 나갔고 나도 서울로 전속해 갈려고 하는데 후임연대장 안재민대령이 부임하면서 떠나지 말고 3개월만 더 있으면서 자기를 도와주고 가라는 청이 있었다.

### ■ 후임 연대장과의 불화

후임 연대장 안대령은 내가 1군단장 김재명중장을 모시고 있을 때 1군단 인사처보좌관으로 있던 당시 안소령으로 구면이다. 그런 인연이 있던 사람이 부임 1개월도 못된 시절에 구정(旧正)도 돌아오니 휴가가라고!

그것도 부연대장을 통해서 내려진 지시였다. 연대 인사주임을 통상 부관으로 호칭하고 연대장의 개인비서이기도 하다. 그런데 연대장이 부임 1개월도 안되어 내가 휴가건의 해도 부결될 판인데…… 부조리를 해서라도 주머니를 채워줘야 하는데 돈 나올 구멍을 다 막아 놓은 나를 그 자리에 놔두어봐야 국물도 없다는 걸 알아차린 탓이다. 직감적으로 연대장이 나를 짜른 것으로 알고 책상을 털고 나와 버렸다. 집으로 간 것이다.

바로 정보주임 최소령을 나의 자리 인사주임으로 앉혀 놓았는데, 명목상 휴가 중 직무대행이라고… 연대참모가 며칠 휴가중에 정식으로 자리까지 찾이하는 예가 있나? 연대장 안대령이 큰 실수를 한 것이다. 나 또한 역으로 연대장을 짜른다고 뻥뻥 소리치고 다녔다. 그후부터 내가 혹 서울에 나가 연대장 퇴진시킬 수작이라도 하지 않을 까 우려해 기차역과 버스터미널에 하사관 각 1명씩을 배치까지 해가며 나를 감시하는 겁쟁이었다. 그러던 가운데 김복동 사단장 밑에 참모장으로 있는 당시 쟁쟁한 강자화 대령(육사 15기)이 연대장 안대령에게 전화를 했다. 홍인호 소령 보직 바꾸지 말고 그대로 두도록! 곧 중앙에서 빼갈테니라고.

### ■ 육군본부에 입성(장군인사장교로)

그때 기분이 나빠 국방부 방위산업국으로 가서 보안담당관자리에 있다가 예편해서 방위산업체로 취직할 생각을 하고 있던 터였다. 왜냐하면 그 시기에는 박정희 전 대통령께서 자주 국방을 외치며 방위산업육성 정책을 제일로 삼을 시기여서 전망이 밝은 분야였기 때문이다. 그런데 육군본부에서 내가 전역 꿈을 꾼다며 이미 국방부 방위산업국 요원으로 발령이 나 있는데, 그 명령을 수정, 육군본부 인사참모부 장군 인사실로 재발령하기에 이르렀다. 그 명령을 받고 의정부 지역 진지공사 출동중인 현장에 가서 연대장 안대령에게 전출신고를 하였다. 야전 천막 안에서 소주 2병 두부 2모로 연대참모들과 환송연을 가졌다. 그 다음 날 바로 1977년 5월 23일 장군인사장교로 부임하였다. 그 또한 특별한 경우였다. 장군인사장교 직위는 정원상 중령직위로 그 자리에서 대령으로 거의 진급하는 자리에 나는 대위에서 갓 올라간 신참소령 신분으로 그 자리에 입성했으니 파격적이면서 대단한 영광이었다.

전임자는 육사 14기로 이정선 대령. 이미 그해 5월 1일부로 대령계급을 달고 앉은지 23일째 되는 날에 내가 후임으로 온 것이다. 그는 나에게 인계하고 사용하던 바인더도 인계 않고 야전 군사령관(대장 정승화) 밑에 본부사령으로 영전해 갔다. 그러니까 전임자 대령으로부터 신참소령이 업무를 인수한 것이다. 군의 일과시간은 08:00~17:00로 일반 공직사회보다 1시간이 이르다. 통상 간부들은 늦어도 20분 전까지 모두 출근한다. 야전에서는 퇴근시간 지키기란 어려운 상황이지만 그래도 육군본부는 정시에 퇴근하는 편이다. 하지만 나는 그 자리에 있는 10년동안 07:00이후 출근, 19:00이전 퇴근해 본 일이 없다. 열심히 했다. 일과중에 가능한 한 식사시간과 용변이외에는 자리를 떠본 일이 거의 없을 정도로 열심히 한눈 팔지 않고 업무를 수행했다. 웃기는 이야기가 될지 모르나 꽁무니뼈에 굳은 살이 박혀 몇 십 년이 지난 이제와서 거의 없어졌지만… 또 특별한 것은 그 십 년간 재직하면서 단 한번도 상관으로부터 업무부실로나 인간적으로나 꾸지람을 받은 일이 없다. 나를 아는 이는 언제인가 이 글을 볼 것 아닌가. 거짓말 할 수 없다. 내가 똑똑하고 잘나서가 아니라 원칙대로 열심히 했다. 때로는 상관이 나의 잘못을 눈감아 주고 용서해준 덕에 이런 말이라도 할 수 있게 된게 아닌가 싶다. 그래요, 군복을 입어도 바르게 단정하게 어디 험잡을 데 없을 정도로 멋지게 복장을 갖췄고, 제복의 멋을 한껏 살렸다. 경례와 답례를 정확하게 그야말로 진실어린 상경하애 정신으로 실천했다고 자부한다.

이 때 우리 사무실에 근무했던 여군 한사람이 나를 도와주고 있었다. 그의 부모 양친이 중고등학교 교직자이고 무남독려인 그가 여군에 와 있는 것이다. 성격도 무척 밝고 절세미인! 때문인가 제5공화국이 탄생하여 전두환 대통령 취임경축리셉션이 육군회관에서 있을 때 대통령 내외분 가슴에 꽃을 달만큼 선택된 여자였다. 그의 말에 의하면 장군인사실 홍중령이 육군본부에서 가장 군복을 멋있게 입는 장교로 여군단에 소문나 있다고…

그런 그가 육군중사로 제대 후 시집을 가게 되었는데 역대 인사참모부장으로 모시분 중에 김명수 장군과 육군 범죄수사단의 원로수사관 이상훈씨와 3자가 함께 결혼식장을 방문했다. 장소는 서울 동대문구 휘경동의 어느 교회였다. 그 후 약 3~4년 쯤 된 시기에 내가 살던 상계동 보람아파트 단지 내를 운동복차림으로 한바퀴 돌고 집에 들어온 바로 뒤 경비실 초인종이 울렸다. 너…! 신○○ 아니야? 그래요. 몇 분 전 운동복 차림의 뒷모습이 홍중령님 같아서 쫓는 순간 어디론가 사라져 마침 상가 2층 국밥집을 경영하는 여군선배(참모총장실 근무하던) 정○○ 언니에게 물었더니 같은 동에 같은 라인에 ○호라고 알려 주어 왔노라고… 하지만 저녁 7시경 어둠이 깔리는 시간에 들어오라는 말은 못하고 왠일이냐? 친정엄마가 같은 단지 내 ○동○호에 사는데 친정엄마와 함께 산다는 말이다. 그래… 집을 알았으니까 내일 아침 출근길에 집에 들리겠노라는 말과 함께 돌려보냈다. 다음날 아침 출근길에 들러 초인종을 눌렀더니 그가 한 3~4살 쯤 된 사내아이를 안고 나왔다. 함께 아래층 경비실서 잠시 대화하고 사무실 전화도 알려주고 애아빠는 어디 있냐고 물었더니 일본에 가 있다는 거요. 그러냐고… 하고 작별했다.

그 다음날 사무실로 전화가 걸려왔다. 퇴근시 이태원서 차 한 잔하자고, 좋다, 나가마… 차 한잔씩 시켜놓고 대화 중에 이혼했다는 말을 해요. 그렇게 예쁘고 가정환경 좋고 성격도 매우 밝아 어떤 사람과도 조화를 이루어 잘 살 줄 알았는데 결혼에 실패하였다. 인력으로 다스릴 수 없는 게 인생인가 보다. 그가 군에서 나와 함께 근무할 때의 심경을 털어놓는다. 그때 데이트 신청하면 들어주려 했는데 그 말을 듣는 순간 깜짝 놀랐다. 하지만 나는 같은 사무실에 근무하기 때문에 여성으로 안보고 집안 동생같은 오누이 같은 감정에서 한번도 벗어 난 일이 없다. 그게 정말이다. 그가 나에게 그러한 연정을 가지고 있었다는 것은 글쎄…?

장군인사실에 내가 부임당시에는 종합출신 심기천 대령이 있었고 서기병은 연세대 경영학과에 재학중 군에 들어온 김동훈 병장이 있었는데 김병장은 제대 후 연세대학교에 복학, 졸업과 동시 결혼하고 미국으로 떠나 경제학 박사 학위를 취득하고 귀국, 국민대학교 교수로 들어가 현재 경영학 부장으로 후학들을 지도하고 있다.

그런데 김동훈 교수와 함께 근무하던 그 시절에는 내가 김교수를 너무 많이 고생을 시켰던 일이 지금 생각하면 마음도 편치 않지만 워낙에 나는 야근을 많이 했다. 김교수는 과외시간이니 본사 내무반 생활로 들어가야 할 시간인데 거의 매일 같이 내가 붙들어 놓고 야근을 시켰다.

그러나 그는 불편한 심경을 내보인 일이 단 한번도 없다. 상하관계로 일을 했지만 서로 한번도 얼굴색을 달리하거나 불편한 언행이 오가지도 않는 오히려 형제애의 감정으로 가득차 있었다. 김동훈 교수는 독자인데도 수양이 많이 된 성품에 참 좋은 사람이었다.

심기천 대령 이후 육사 16기 박규종 대령이 실장으로 부임하여 이 분 밑에서 여러 가지 면에서 많은 것을 배웠고 인간적으로도 특히 원만한 대인관계에 있어 무언의 교훈을 내게 많은 것을 주셨다.

이분에 대해 유명한 일화가 있다. 육군 대학 교육과정에서 노트

없이 공부하여 1등 하였다는 것, 꿈 같은 이야기일지 몰라도 사실이다. 이분과 함께 근무하던 1979년 8월경의 일이다.

### ■ 중령진급시기가 왔다. 그때는…

신참 소령때 부임해 왔는데 벌써 중령 진급시기가 도래한 것이다. 하지만 자신의 진급문제는 생각하지 않고 그저 일만 했다. 지금 생각해보면 실장 박대령이나 나 자신 모두 상식적으로 생각하기 어려운 유별난 사람들이었다고 여겨진다. 나는 자신의 진급문제를 직속상관인 실장에게 도와 달라는 식의 협의도 한 일이 없다. 실장 역시 나의 진급문제에 관심두는 표현을 단 한번도 내비친 일이 없다. 참 신기할 정도다. 왜냐? 흔히 세상 사람들은 도와줄 능력이 없으면서도 걱정해주며 관심을 보이고 진급대상자 역시 주변 사람들에게 도움을 청하는게 상례이기 때문이다. 그런데 어느날 인사운영감실 보병장교과 소령보직 장교로 있는 박소령의 전화가 왔다. 방금 실장님이 와서 나의 인사자력을 뽑아 일구무언 훑어보고 나갔다고….

나는 그런 말을 듣고도 그런가보다 속으로만 느끼고 있었다. 실장 역시 나의 자력을 보고 왔는데도 소감을 피력하지 않았다. 여타 사람들 같으면 이런 경우에도 실장님! 보병과에 가서 내 자력을 보았다는데, 라는 등 실장 역시 아… 지금 당신의 자력을 보았더니 어쩌구 저쩌구 말이 있는게… 두 사람 모두 일체 말이 없다. 참 이상한 사람들이다. 그 일 말고도 같은 참모부내 진급과에 진급계장 최준식 중령이 있었는데 그는 2성장군의 전속부관을 하다가, 나 역시 3성장군의 전속부관을 하다가 비슷한 전직을 가진 두 사람이 월남에서 백마부대 28전투단 한 울타리 안에서 중대장을 같이한 사이다. 때문에 최중령이 8사단 수색대대장을 마치고 육군본부진급과 진급계장으로 부임 초 육본안에 지인들에 인사차 방문할 때 내가 안내하고 함께 다녔다. 진급계장이 실세다. 그런 가까운 친구가 있는데도 진급문제에 관한 한 이야기는 한일이 없다. 그도 나에게 염려해주고 관심을 보이지 않았다. 원래 무뚝뚝한 부산사나이지만… 더군다나 내일 아침에 진급과가 진급심사장소로 이동해 나간다는데 장교클럽에서 저녁식사를 위해 우연히 둘이 만났다. 최중령은 참모부 일직 사관완장을 차고 나는 역시 좋아하는 야근을 위해 함께 식탁에 마주 앉은 것이다. 그런데도 내 입에서 진급에 관한 이야기가 나오지 않으니 잔뜩 벼르던 최중령이 홍박사! 하고 나를 부른다. 나도 물끄러미 쳐다보았다. 자력 기록에 하자가 없어요? 하고 묻는다. 진급자격이 있으면 될거고 자격이 안되면 탈락하는 것 아니요, 두 사람 사이에 오간 말은 이게 고작이다. 이 두 사람도 참으로 희한한 사람들이다. 장교진급 심사 때 기본평요소에서 75점이 만점이다. 하지만 나는 72점밖에 안 된다. 예정대로 진급과는 진급심사장으로 떠나갔고, 며칠 후 진급심사장에서 최중령의 전화가… 홍박사! 인사운영감실에서 진급심의표가 넘어온 것을 보니 기본점수 72점으로 알고 왔는데 여기에서 0.2점이 빠져 71점 밖에 안 된다고… 나는 듣기만 하고 놀라지도 않았다. 실장을 바꿔달라고 해서 실장을 대줬다. 두 분이서 무슨 말들을 주고받고 전화를 끊고도 실장은 이런저런 이야기가 없다. 정말 속이 깊고 넓은 분들이다. 그래도 내심으로 주위

사람들이 나의 진급문제를 가지고 걱정들 하는 움직임이다.

### ■그토록 정도를 가는 부장의 마음을 어떻게…

그 후 어느 토요일 점심식사 직후인 13:00경, 정도에서 한치도 벗어나지 않을 만큼 무서운, 전두환 대통령의 육본일반참모부장 골프초청에도 골프와는 무관하다고 안가는 정도의 무서운 인사참모부장 천주원 장군에게 실장 박대령이 조심성 있게 차분하게 접근하면서 "부장님! 홍인호…" 하고 이름을 대자 부장의 반응이 눈동자에 나타나면서 뭐? 홍인호 무슨 문제 있나? 라고 묻더라는 거요. 근무평점 등급이 '열' 등급으로 기본 점수를 많이 깍아 먹어… 부장이 되물었다고 한다. 홍인호를 평가한자가 누구냐?고 하면서 안색이 다소 진노하는 기색이었다고 한다. 왜냐하면 나는 늘 장군인사 작업 할 때마다 부장 천주원 장군과 한 테이블에서 함께 일을 하기 때문에 나의 행정능력을 부장이 직접 관찰해서 인정받고 있는 상태이기에 나를 상, 중, 하도 아닌 열등급을 주었다는 것은 개인감정을 개입한 결과로 밖에 볼 수 없다는 것이었는데, 열등급으로 평가한 자는 바로 나의 전직 연대장 안재민대령이었다.

그는 연대장을 마치고 마침 인사참모부 근무과장으로 와 있었는데 그 자리는 결재건수가 많은 데다가 그 후로부터 부장 결재를 받으러 들어가지 못해 스스로 녹지부대로 떠나갔다가 얼마 안 되어 예편했다.

인사 운영감실 역대 보병과장들은 거의 장군이 되었는데, 안대령도 전직 보병과장 출신으로 장군을 내다보다가 한 순간 인사근무평가를 개인감정에 치우친 잘못된 행위로 신상을 망친 예가 된다.

장교 진급시 기본 평가요소별 점수 합계가 75점 만점에 최소 73점은 넘어야 되는데 나는 앞에서 말한대로 71점으로 완전 탈락 대상이다. 그런데 실장 박대령의 조언을 받아들여 인사참모부장의 특별의견을 달았다. 그리고 부장실 성윤영 대령을 통해 아래층에 있는 인사관리처장(진급처장) 류승국 장군에게 전해졌다. 성대령은 전하고 와서 "꼭"자를 덧붙여서 꼭 시켜주라고 전했다고 농담을 하며 웃었다.

### ■ 이름석자가 깃발날린다고…

드디어 진급심사 일정이 도래했다. 인사관리처장 류장군이 심사위원들을 소집, 위원장에는 류장군의 육사동기인 임동원 장군(훗날 안기부장, 대통령 특보를 지냈음)으로 하여 심사장에 인솔을 다녀오고 실장과 나를 자신의 방으로 불러서 내려갔다. 류장군의 말이 재미있었다.

심사장에서 진급심사 위원들에게 홍인호에 대한 브리핑을 했더니 "홍인호 이름 석자가 깃발 날린다"고 전하면서 크게 호탕하게 웃었다. 1주일만에 심사가 끝나 진급 발표가 있었는데, 나의 진급이 예정대로 확정되는 순간이었다. 참모부에서는 내가 자력기록(평점 열등) 때문에 제외될 것으로 짐작들하고 있었는데 진급이 되었다. 그날 저녁 사무실로 경합자중 한 사람인 권소령의 축하 전화가 왔다. "역시 잠자는 사자가 무섭습니다"라고… 범죄수사단의 원로수사관 이상훈씨는 창군이래 심사전에 진급결과 아는 건 홍인호 뿐이라고…내심고심(內心苦心)하신 실장 박규종 대령님이 감사할 뿐이다. 그렇다고 고마운 인사도 제대로 못하고 늘 마음의 빚을 지고 있을 뿐이다. 아무리 미워도 신상에까지 영향을 미치게 하는 삶을 살면 반드시 그 뒤에는 징벌이 따른다는 교훈을 남긴 일대 사건이다.

장군인사실 시절사진

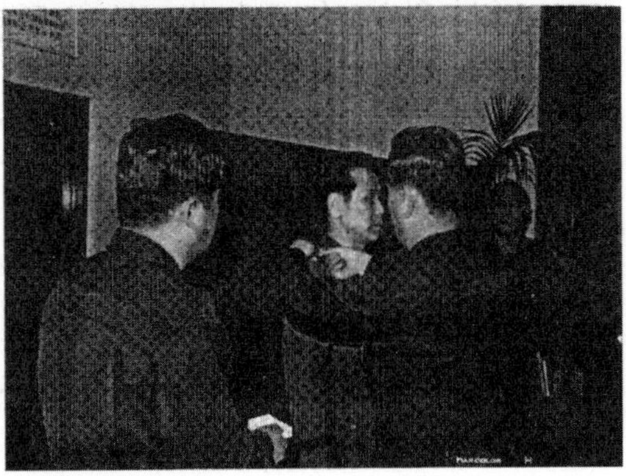

김홍한 장군이 몇몇 장군들이 지켜보는 가운데 홍민호에게 중령계급장을 달아주고 있다.('80. 4. 1)

## 나는 철저한 반공주의자다(사상검증을 거친 사람이다)

현역 복무를 마치고 행정부이사관에 특채되어 육군본부 인사참모부 사제 안전관리 담당관직에 있을 때의 일이다. 어느날 아침에 육군본부 기무부대에서 차나 한잔하러 오시라는 전화를 받았다. 평소에도 잘 알고지내던 양○○ 계장이었다. 인사그룹에 주로 내왕하는 요원인데 그가 전화를 한 것이다. 생각해서 불러주니 고맙기도 하고 이내 그곳을 찾아 들었다. 커피한잔을 들고 마시는데 그가 말을 건네왔다. 대뜸 강봉석씨를 아느냐?고 물었다. 안다! 내 외종제(外從弟)라고 했다.

그가 다시 말을 꺼낸다. 강봉석이 일본에서 장기간 체류하다가 최근 귀국해서 무위도식한다는데 혹시 조총련계와 관련이 있는게 아니냐는 첩보가 올라왔다는거요.

순간 경악하지 않을 수 없었다. 그때 나는 직감으로 느꼈다. 분명 그 첩보를 제공한 자는 내 고향 성읍리 주민가운데 그래도 그 시절에 바깥물 먹고 돌아다닌다는 즉, 외지로 돌아다니는 부류의 소행이라는 것을 느끼며 심지어 그 얼굴까지도 영상이 떠올랐다. 나쁜 사람들….

그리고 그 첩보를 생산한 기무부대원도 실수를 한 것이다. 4·3 사건당시인 1948년 음력 12월 15일 우리 마을을 습격한 공비가 강봉석의 부친을 도끼로 찍어죽인 부분은 왜 빼버리고 그런 모함성 있는 첩보보고를 했는가? 말이다.

세상에 자신의 부모를 도끼로 쳐죽인 악당무리들에게 동조할 사람이 어디 있겠는가? 라는 말에 양○○ 계장은 할말을 잃었다. 같은 마을에서 제보한 그 자나 그 엉터리 같은 첩보를 받아 확인 추적도 않고 단편적인 첩보보고로 타의 명예를 훼손한 제주도 기무부대 당시 대공계의 직무수행태도는 규탄받아 마땅하다.

이것은 완전히 보고가 잘 못 된 것이다. 뒤늦게 나마 규명되어 그 진위가 밝혀져야 한다고 본다. 나는 장교임관 직전 신원조사를 통해서, 또한 국군보안사령부로 전입할 때는 더 철저한 사상 검증을 거쳤고, 제주도는 4·3사건 당시 저쪽물이 약간이라도 베어들어 간자의 친척은 물론 사돈에 8촌까지 다 죽었는데, 그런 시국사태 속에서도 살아난 사람이다. 그것뿐인가? 우리 선친께서 큰 아들 즉 내 형님이 그때는 청년기여서 너하나 잘못되면 우리 식구 다 죽는다며 툇마루 사각기둥에 밧줄로 묶어놓고 로프로 내려치며 혹독하리만큼 반공을 다진 가문의 자식임을 자부하기 때문이다.

나에 대한 모함성 있는 첩보를 기무부대에 제공한 성읍리 주민 중 어는 한 사람 나는 알고 있소! 각성하시오!!

지금 어느 하늘아래에서… 보고싶은 이용진 대령님!

정말 보고 싶은 얼굴이다. 누구에게나 친절하고 걸걸한 목소리로 사람들의 마음을 송두리째 빼앗아가는 어쩜 대인관계에 있어 달인이라고 할 만큼 지금 이 시간에도 왜그렇게 그리운지 모르겠다.

이 분은 월남에서 백마부대 28전투단 이성수 대령 밑에서 인사주임을 했고 나는 중대장을 했다. 그때 그 정으로 육군본부에서 후일 다시만나 같은 인사참모부에서 이분은 장교인사제도과 나는 장군인사실에서 각각 근무를 하다가 대령진급을 하고 전남 순천지역 연대장으로 떠났다.

원래 이분의 고향은 그쪽지방의 광양이다. 장인 어른의 기일이 돌아왔는데 그 무렵은 전군이 비상사태라 나는 아예 내려갈 생각은 못하고 아내만 새마을열차편으로 내려 보냈다. 이용진 대령님! 하고 전화통화를 했는데 오늘 오후 몇시에 저의 아내가 순천역에 내립니다. 라는 말을 남겼다.

아니 이 어찌된 일인가? 이 대령께서 연대참모들 전원을 인솔하고 주임상사까지 철모쓰고 권총들을 차고 순천역에 나와서 도열! 내 아내를 열열히 맞이하고 짚차에 P.X 캔맥주 몇 박스 싣고 주임상사를 시켜 벌교읍에 있는 내 아내 친정집 대문 앞까지 태워줄 정도로 나에게 많은 정을 베풀었다.

기개가 대단한 분으로 이처럼 따뜻한 우정의 추억을 평생 잊을 길이 없다. 너무 고맙고 재미있는 일이었다.

# 아내의 건강을 챙긴 이야기

■ 아내의 건강을 챙겨줘야 남편이 편하다. 왜?

가정에서 엄마는 힘들고 외롭다. 엄마는 가족들의 건강을 챙겨주는데 엄마의 건강은 누가 책임질 것인가?

남편 아니면 누가? 남편마저 나 몰라라 하면 엄마는 한없이 외롭고 가여운 존재다. 아내의 건강을 챙기는 것은 바로 남편 자신을 위하는 일이다. 종일토록 직장에서 일을 하고 퇴근해 집으로 왔

을 때, 몸이 아파 밥도 안짓고 아내가 자리에 누워 있으면 얼마나 남편의 마음이 괴로울까? 그걸 사전에 예방하기 위해서라도 아내의 건강을 평소부터 챙겨줘야 하는 것이다.

가정에서 주부가 건강하면 온 가족이 모두 건강하다. 가정환경, 가족들의 의식주, 즉 가족들의 성격, 입맛(기호), 취미, 체질 등 절대적으로 주부의 영향이 미치기 때문이다. 예를 들어 엄마가 햄버거를 좋아하면 자연스레 아이들을 데리고 맥도날드나 버거킹 또는 롯데리아를 찾을 것이다. 그러면 아이들의 입맛이나 체질도 자연히 엄마를 따라갈 것이다. 대부분 유전자 탓도 있겠지만 후천적으로 엄마가 뚱뚱하면 아이들도 뚱뚱해진다. 엄마 입맛에 맞춰 음식 취향이 따라 가다보니 그럴 수 밖에 없는 것이다.

예를 들어 우리집에는 생후 4개월 때부터 할머니 할아버지가 키운 손녀가 있다. 이제 초등학교 6학년 졸업반이지만 우리집에는 빵과 과자, 햄버거나 피자 같은 음식은 일체 구경할 수 없다. 따라서 이 아이도 습관이 되어 빵이나 과자, 햄버거, 피자를 찾지 않는다. 시중에 외출 할 때 백화점 음식 코너에서 간단한 식사할 때도 아이한테 너는 뭐를 먹을꺼야? 하고 물으면 된장국! 아니면 순두부국!! 요즘 그 또래들이 햄버거, 피자를 놔두고 이런 음식을 찾는 아이가 있을까 싶다. 아주 듣기도 좋고 정말로 훗날의 건강한 체질을 보전하는데도 좋은 현상이다.

나는 일찍이 30대 초반 대위시절부터 이러한 원리를 깨닫고 아내의 건강을 이렇게 챙겨왔다. 우선 아내의 피로를 덜어주는 일이다. 내 아내는 고맙게도 밖으로 나돌지 않고 죽으나 사나 집만 싸고도는 사람이다. 집안에만 있다고 편한 것은 아니다. 집안에서 하루종일 움직여야 하는 주부가 몇 만리를 걷는다는 말이 있듯이 집안일은 온종일 해도 끝이 없는 것이다. 그러니 피로할 수밖에. 나는 집에 있을 때 그 시간에 노는 일이 없다. 뭘하든간에 계속 움직이지 그냥 앉아서 TV나 보고 신문보는 일이 없다.

아내가 말려도 고무장갑끼고 설거지를 한다. 청소도 하고, 청소를 하면 확실하게 한다. 구석구석 적당히 넘어가는 성격이 아니라 더 그런가 보다. 매일 청소하지만 대청소와 꼭 같을 정도로 한다. 뭐 1주일에 한번 하는 식의 대총소는 없다. 남자가 집안일, 거기에다 부엌 설거지까지?하고 바보같은 남자라고 비웃어도 나는 아무렇지 않다. 그렇게 도와줘야 한다고 생각이 되기 때문이다. 그 옛날에는 교통이 불편하니 내 고향 제주에서 어머니가 서울에까지 올라와 보살피는 것은 감히 상상도 못할 어려운 시절에, 타향에서 첫애 낳고 바로 봄비맞으며 작도물푸고 빨래를 해재끼니 당연히 산후 몸조리라고는 생각할 수 없었다. 산후통이 따를 수밖에 없었고, 그 튼튼했던 사람이 깡말라 당시의 스냅사진을 보면 눈이 푹 들어가 귀신 허깨비 같다. 거기에다 심장병이 생겼다. 깜짝깜짝 놀라고 숨도 헉헉 거릴 때가 있고, 가슴이 두근두근 뛰어 '구심'이란 심장안정제를 먹고, 복더위에도 무릎이 시려 솜이불을 덮어도 시린 것은 어쩔 수 없었다.

내가 장교임관하고 강원도 인제 원통지역에 있는 부대 소대장으로 배치되어 갔었다. 원통에는 '만삼'이 있어서 그걸 한다발 사고, 야외훈련가면 산에서 휴식시간을 이용해서 약초를 캐고, 휴가때 대전 집에 가지고 와서 다려 먹이고 하며 밤낮 할 것 없이 아내의 건강문제가 고민이었다.

일찍이 어느 시골할머니가 여자에게는 뭐니뭐니해도 흑염소가 최고! 라는 말을 늘 머릿속에 간직하고 있었다. 성남시 보안대장을 마치고 보병학교 고등군사반 과정에 입교했을 때, 일과 후 광주 시내에 외출나갔다가 충장로 거리를 지날 무렵, 다리 밑에 염소 여러마리를 놓고 팔고 있는 것을 목격하였다. 가까이 접근, 한 마리 얼마요? 10만원. 상식적으로 나름대로 생각해 보았다. 여자가 먹을 것이니 수놈을…… 늙어 비실비실한 것을 피하고 송아지로 볼 때 두세살 쯤되는 젊고 토실토실하며 팔팔한 놈으로 선택해서 구입을 했다.

그 상인이 현장에서 잡아 가죽과 내장을 처리하고, 비닐에 둘둘 말아 시멘트 부대로 싸준 것을 가지고 광주공항을 이용, 서울을 경유 성남에 있는 집으로 단숨에 달려갔다. 살코기를 발라내고(뼈에 붙은 것까지 완전하게 떼어낼 필요는 없음) 대형 무쇠솥을 구입해다 돌로 괴어 걸어놓고 대추, 밤, 생강(냄새 제거를 위해 많이)과 함께 넣어 장작불로 한참을 고운다. 발라낸 살코기는 고추장 양념해서 구어 먹으면 맛이 있다. 이웃 아주머니에게도 드렸더니 아주 좋아하셨다. 거의 다 고와졌다 싶으면 염소 뿔 부분을 두 손으로 들었더니 눈알이 축… 축… 빠져 흘러내린다. 이때 불을 끄고 체에 걸러 큰 양푼에 담아두면 이내 응고가 되어 묵이 된다.

아침 출근시 한 국자 떠서 양재기에 넣고 뜨거운 물에 녹여 내 아내에게 먹으라고 준다. 여자는 자기가 만든 음식 자기가 먹는 것 보다, 남이 해서 준 것을 받아먹기를 좋아하는 게 속성이다. 이때 남편이 정성껏 먹으라고 준 것을 받아먹으면 기분도 좋고, 행복감을 느껴 약효가 훨씬 배가 되는 것 아닌가? 사실 글로 이렇게 설명하니까 간단한 것 같지만 여간 번거로운 일이 아니다. 힘든 일이다. 나는 이렇게 해서 매년 '봄에 한 마리 가을에 한 마리' 씩 계속해서 7년 동안 해 먹였다. 그러면 몇 마리를 먹였나? 14마리를 내 손으로 만들어 먹인 것이다. 대단한 정성을 들인 것이다. 염소 먹으면 살찐다고 안먹는 사람이 있는데 그렇지 않다. 내 아내는 그렇게 많은 염소를 먹었어도 표준체형이다. 염소먹고 입맛이 좋아 많이 먹어 살찌는 것이다. 이렇게 이야기하면 뭐 그렇게 힘들게 해? 개소주 다리는 집에 맡기면 되지… 라고 말할 수 있겠지만, 정말 아내를 위하고 사랑한다면 이것도 정성인데 더럽게 개고기 다리는 용기에 들어가는 것이 싫어서 였다.

그뿐인가? 내 젊은 시절 친구가 사는 어느 시골집에 갔더니 천정에 큼지막한 늙은 호박을 매달아 놓은 것을 보았다.

할머니! 이 호박은 왜 매달아 놓았어요? 씨앗으로요? 하고 물었더니 대뜸 서울에 있는 딸 약해 주련다고 답을 해요. 거기서 아! 여자에게는 호박이 좋은 것이구나 하고 생각을 했었다. 나는 그 이후부터 호박에 관심이 많았고, 서울 제기동 경동시장 한약상가에 가면 1개에 1~2만원 달라는 것을 사서 집에 오면, 솥뚜껑 모양으로 꼭지부분을 도려내고 속을 긁어낸 다음 꿀 1홉을 넣어 내부벽에 골고루 바르고 찜통에 넣고 찐다. 찐다음 호박 뚜껑을 열어보면 그 속에 호박물이 두 대접 정도 고여있다. 처음에는 몇 번 실패했었다. 더다리다가 밑이 터져 호박물이 밑으로 다 빠졌다. 이제는 박사가 되었다. 쇠젓가락으로 살며시 찔러보고 사각사각한 촉각을 느껴지면서 들어가면 재빨리 불을 꺼야 한다. 이 호박물을 새벽에 출근하면서 한양재기 떠서 따뜻하게 데운 다음, 잠자리에 있는 아내에게 디밀어 먹으라고 주고 출근한다. 저녁에도 잠자리에 든 다음, 같은 방법으로 한 양재기를 떠서 데워 먹인다.

전방부대에 근무할 때는 자전거를 타고 새벽운동을 달리고 오는 길목에 시골집 대문에 호박이 많이 쌓여있는 것을 보게된다. 호박이 왜 이렇게 많이 쌓여있습니까? 라고 물으면 소 먹이려고. 하나 팔수 없어요? 라고 하면 팔기는 요…. 그냥 한 개 가지고 가셔요. 란다.

그러면 나는 아니요. 약으로 쓸거니까 그냥은 싫어요. 라면서 단돈 1,000원이라도 드린다며 한 개를 자전거에 매달고 와서 내내 그런 방법으로 해 먹인 것이 지금 내 아내 입으로 '자기는 호박을 두 트럭은 먹었을 거라고' 거침없이 이야기한다. 요즘 주부들 호박죽을 선호하는데 나는 일찍이 30년 전에 호박이 좋은 걸 알고 이미 많은 양의 호박을 먹인 것이다.

그뿐인가? 물당귀, 잔대, 대추, 엉겅퀴 등 틈나는 대로 틈틈이 내 손으로 씻어서 다려먹였다. 가끔 생각해 본다. 내가 아니면 누가 해주나?

출가한 딸을 친정부모가 생각해 주나, 시부모가 생각해 주나, 친정 동기간들이 생각하나, 시동기간이 해주나, 자식들이 생각해 주나, 남편이 아니면 생각해 줄 사람이 없다. 나마저 몰라라 외면하면 한없이 외롭고 불쌍한 사람 아닌가? 애들 건강하게 잘 키웠고 손녀까지 아주 밝게 건강하게 키워준 아내가 너무 고맙고 죽으나 사나 집만 싸고 돌아주는 아내가 너무 고마운 것이다.

화장을 하는가 귀고리를 하는가 손톱을 기르고 칠을 하나? 외출할 때 립스틱만 살짝 바르면 훌륭한 화장이다. 이제 나이 60대

중반에 접어들어 한없이 가엾기만 하다. 아파트 12층 싱크대에서 창 밖을 내다보면 한방병원차 등이 오면 침을 맞는다. 물리치료를 받는다. 안가는 사람이 없을 정도인데, 그래도 내 아내만은 아직은 건강해서 병원 출입은 하지 않는게 퍽 다행스럽다 여긴다. 고맙지 뭐….

## 세상에 다시 없는 최고의 스승! 현화진 선생님…

여기 초등학교 제자가 54년 만에 써서 올린 "스승에 대한 편지"를 소개한다.

존경하는 선생님

미남형의 외모에 항상 밝고 상냥하신 표정으로 제자들은 물론 주변의 이목을 많이 끌었던 선생님!

요즘도 멋진 순백의 머리칼에 건강하신 옥체를 보전하고 계시다는 소식을 접할 때마다 다행스럽다 여겨지옵니다. 누가 뭐래도 선생님은 한 시대에 우리나라 교육계의 큰 별이셨습니다.

이제 78세로 곧 80을 내다보시는 선생님께 직배(直拜)도 아닌 지면을 통해 이제와서 문안드림이 한없이 죄스럽기만 합니다.

옛날 어린 시절을 돌이켜 생각을 하면 선생님은 많은 사랑과 지나칠 정도로 열정적이고 훌륭하신 지도력, 그리고 남달리 멋스런 선생님의 모습에서 저희들은 많은 영향을 받았다고 생각합니다. 다시 말해서 어린 눈으로 보기에도 선생님은 잘 정돈된 외모에 학문은 물론이고 언행(言行), 문체(文體), 음악(여러 종류의 악기를 다루시는 솜씨를 포함), 그림(초상), 달리기, 자전거 묘기 등 예체능에도 거의 통달하신 다재다능이 아닌 만능(萬能)으로 표현할 수밖에 없었습니다.

칠판에 쓰신 백묵 글체가 어찌나 멋있게 보였던지 부러운 눈으로 선생님의 글체를 본따서 연습도 많이 했었습니다.

이 같이 선생님의 태산 같으신 큰 역량이 저희들의 성장과정 구석구석에 큰 밑거름이 되어주셨습니다. 특히 저 개인적으로는 선생님의 은혜를 너무나 많이 누렸었습니다.

학예회(學藝會) 때면 독창, 선생님의 풍금소리에 맞춰 합창지휘도 하고 책을 치켜들고 큰 목소리로 독서도 했는가 하면 '3년고개' 단막극에서는 아내(여자)역을 주셔서 어린 마음으로도 동문기(東門基)에 대국병정(大國兵丁)이라는 아저씨의 따님 '강홍도' 소녀에게서 치마저고리를 빌려 입고 무대출연을 하는 등 전교생과 많은 학부모님들 앞에서 부족하나마 저의 재능을 보일 수 있는 기회를 저에게는 과분할 정도로 많이 주셨습니다.

4·3 사건 중에 군사기초훈련과 요즘은 반장이라고 하는 당시의 학년 급장(級長)을 몇 번 시켜주신 것이 계기가 되어 어릴 때부터 형성된 보스기질이 결코 헛되지 않아, 훗날 저가 수십 년 간 몸담아 국가에 충성하던 억센 군대에서 발휘한 지휘력과 고급사령부 정책부서의 참모장교로서 대군의 조직관리에도 일정 역할을 하고 기여할 수 있었던 것 역시 이와 무관하다고 보지 않습니다.

이 같이 엄청난 은혜를 입고도 어찌하다 이렇게 매정한 놈이 되어버렸습니다.

선생님의 손을 놓고 떠난지 일순간처럼 50여 개 성상이 지나가

버린 오늘, 이제껏 선생님 앞에 무릎한번 꿇어보지 못한 죄책감에 지금은 무척이나 후회스런 시간이오며, 무엇으로 어떻게 용서를 구해야 할지 모르겠습니다. 저가 오늘 선생님께 보고차원에서 한두가지 보내올리고 싶은 게 있습니다.

하나는 저가 평생을 바친 군생활의 흔적(추억거리), 나머지 하나는 항상 마음속에만 묻어두었던 '고향노래' 만드는 꿈을 현실로 가져왔습니다.

곡목은 당초에 '내고향 정의골'이었는데 지금은 '첫사랑 비바리'로 바뀌었습니다. 선생님께 악보와 멜로디를 담은 Tape를 드리오니 한번 감상해봐 주십시오.

요즘 시중에 도는 가요를 보면 사랑, 이별, 죽자, 사자란 노랫말이 널려 있고 곡도 정신 없이 난한데 비해 저의 이 노래는 사랑, 이별 없이도 '정의 고을' 그 산촌의 작은 마을안에서 오밀조밀하게 일어나는 삶의 애환과 연정, 정겹고 신선한 느낌을 주는 곡으로 주위에서는 요즘 뜨는 가수에 주라는 권고가 잇습니다만 모르겠습니다. 좋은 마땅한 가수가 정해지면 그의 style과 key에 맞춰 부르면 더더욱 음악이 살아날 것으로 봅니다. 선생님의 성원 많이 보내주십시오.

함께 담은 낙서 같은 자료들은 관련 지인들과의 만남에서 오간 대화일지로 생각하시면 됩니다. 가까운 시기에 선생님의 모습을 뵙고 싶습니다.

뵙는 날까지 선생님! 부디 건강하십시오.

4월 10일 저녁

제자 홍 인 호 올림

## 에|필|로|그

'12 · 12 반란군과 진압군의 일촉즉발 9시간을 그려 생동감 넘치는 장면 연출 〈서울의 봄〉 예매율 1위 흥행예감'이란 신문기사를 읽는 순간 온몸에 전율이 느껴왔다.

〈서울의 봄〉 개봉날 영화관으로 달려가 숨죽이고 영화를 관람하면서 두 시간여 동안 머리에는 홍인호 선생의 얼굴이 영화 화면을 스쳐가는 것 같았다.

오래전의 일이다. 전 육본인사참모부 장군인사실장이었다는 예비역 중령 홍인호 선생을 만났는데 자신이 겪은 12 · 12사태를 육본에서 직접 보고 겪은 사실들을 책으로 내고 싶어 정리한 원고 보따리를 내밀며 출판해 줄 것을 부탁하기에 출간을 약속하고 여러 가지 사정에 의해 편집까지 해놓은 상태에서 출간을 미뤄온 지 수년이 지나 못내 아쉽고 또 저자인 홍인호 중령에게도 미안한 마음이 적지 않았다. 물론 상응하는 저작료는 당시 지불했지만 말이다.

그래서 더욱 이 영화에 관심을 가지게 된 것이고 두 번의 영화 감상 후 출판사 캐비넷에서 잠자고 있던 이 작품을 출판하기로 마음먹게 되었다.

영화 〈서울의 봄〉은 수도경비사령관 역 이태신(정우성)과 육군내 사조직을 키우던 하나회 보안사령관 역 전두광(황정민)의 불꽃 튀기는 연기 대결도 볼만했지만 전쟁과도 같은 무시무시했던 12 · 12사건 당일 9시간이 끝나고 이태신이 혈혈단신으로 바리케이트를 뚫고 전두광에게 나아가는 장면과 더불어 승자인 전두광의 호탕한 웃음소리와 하나회 회원들의 승전 축하파티와 사진촬영으로 이 영화는 막을 내린다.
관람객 모두가 아쉬워하는 모습들이 역력했다. 그들은 앞으로 어떤 역할을 할 것이며 패자와 승자의 앞날이 매우 궁금해서다.
그러나 영화에서 못 다한 뒷이야기들은 당시 육본 인사참모부 장군인사실장이었던 홍인호 중령의 생생한 증언으로 지는 별/뜨는 별들의 장군인사를 직접 자신의 손으로 지휘부에 작성 보고했던 일들을 책으로 엮은 '아! 서울의 봄'에서 만나면서 영화에서 아쉬웠던 부분에 대한 궁금증들이 이 책에서 보충 설명되고 그 후 전개되는 과정들을 현장에 있었던 저자가 생생하게 증언함으로써 영화에서 못 다한 희열을 만끽하게 될 것이라고 믿어 의심치 않는다. 독자 제현들의 현명한 선택을 바라는 바이다.

癸卯年 歲暮에

발행인 김동환 두 손 모음